NOUVELLE
GÉOGRAPHIE

COURS ÉLÉMENTAIRE

Par J. EYSSÉRIC

Membre de la Société de Géographie de Paris, Chargé de missions scientifiques
par les Ministères de l'Instruction publique et des Colonies

Ouvrage conforme aux Programmes du 31 Mai 1902

À L'USAGE
DES ÉCOLES PRIMAIRES ET DES CLASSES PRÉPARATOIRES
DANS LES LYCÉES ET COLLÈGES

CONTENANT 19 CARTES, 41 FIGURES, ET UN TRÈS GRAND NOMBRE DE DEVOIRS

OURS POLAIRES

PARIS
LIBRAIRIE CHARLES DELAGRAVE
15, RUE SOUFFLOT, 15

QUELQUES ASPECTS DE LA TERRE, DANS DIVERSES ZONES
(Dessins de l'auteur, d'après nature.)

Ces croquis précisent les notions données par le *Planisphère* de la page 7. Ils représentent d sites caractéristiques, choisis dans les cinq parties du monde, en allant des contrées polaires du No vers les régions équatoriales.

NOUVELLE GÉOGRAPHIE

COURS ÉLÉMENTAIRE

A L'USAGE DES ÉCOLES PRIMAIRES ET DE LA DIVISION PRÉPARATOIRE DES LYCÉES ET COLLÈGES

Par J. EYSSÉRIC

Membre de la Société de Géographie de Paris, Chargé de missions scientifiques
par les Ministères de l'Instruction publique et des Colonies.

NOTIONS GÉNÉRALES

§ I. — La Terre.

1. Géographie. — La *géographie* est la description de la Terre.

2. La Terre, sa forme. — La Terre est un corps immense qui a la forme d'un globe ou d'une boule. Elle est isolée de toutes parts dans l'espace. La Terre reçoit du SOLEIL la lumière et la chaleur.

Le Soleil est 1.300.000 fois plus gros que la Terre.

3. Dimensions de la Terre. — La Terre a 40.000 kilomètres de tour ou de circonférence.

Si une locomotive pouvait faire le tour de la Terre en marchant jour et nuit, avec la vitesse de 60 kilomètres à l'heure, elle mettrait près d'un mois pour accomplir ce voyage.

4. Globe terrestre. — Un *globe terrestre* est une boule qui représente en petit la forme et la surface de la Terre (fig. 1).

5. Mouvements de la Terre. — La Terre n'est pas immobile comme elle le paraît. Elle tourne sur elle-même *un jour* de 24 *heures*; ce mouvement, qu'on appelle *mouvement de rotation*, produit les alternatives du jour et de la nuit (fig. 2).

Tout en tournant sur elle-même, la Terre se transporte autour du Soleil, à peu près circulairement, et elle met *un* an ou 365 jours 1/4 pour exécuter un tour complet. On appelle ce mouvement *mouvement de translation* ou *mouvement annuel*.

6. Axe et pôles de la Terre. — On appelle *axe* la ligne droite idéale autour de laquelle la Terre exécute son mouvement de rotation; cet axe passe par le centre de la Terre (fig. 3).

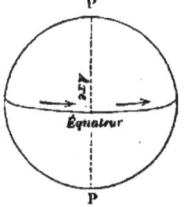

Fig. 3.

On appelle *pôles* les deux points P et P' (fig. 3) de la surface terrestre par lesquels passe l'axe de la Terre. — Le *diamètre* de la Terre, d'un pôle à l'autre, est de 13.000 kilomètres.

7. Équateur. — L'*équateur* est une ligne circulaire idéale dont tous les points sont à égale distance des deux pôles (fig. 3).

Le Maître expliquera ces divers termes à l'aide d'un globe terrestre. Il décrira les deux mouvements principaux de la Terre. — Expériences à l'aide d'une lumière représentant le Soleil. (Voir le *Cours Moyen*, p. 3, n°ˢ 5 et 6.)

8. Cartes géographiques. — Une *carte géographique* est un dessin qui représente en petit une portion plus ou moins grande de la surface de la Terre.

Toutes les fois que le Maître montrera une carte aux élèves, il leur fera voir sur un *globe terrestre* la place et la grandeur relative du pays représenté. — Le globe terrestre donne seul la figure exacte de la surface de la Terre et de ses divisions; les cartes n'en sont que des parties, tracées sur des surfaces *planes* (ou plates).

9. Horizon. — Nous ne pouvons apercevoir autour de nous qu'une très petite partie de la surface terrestre : la limite circulaire qui borne notre vue de tous côtés s'appelle *horizon*.

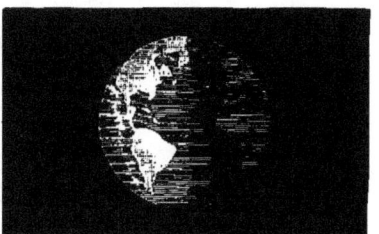

Fig. 1. — Globe terrestre.

Fig. 2. — Le jour et la nuit.

§ II. — Orientation.

10. Points cardinaux. — Pour indiquer dans quelle direction se trouvent les différents points de l'horizon d'un lieu quelconque, on a imaginé quatre points qu'on a appelés les *quatre points cardinaux*.

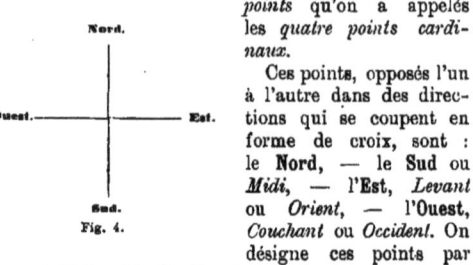

Fig. 4.

Ces points, opposés l'un à l'autre dans des directions qui se coupent en forme de croix, sont : le **Nord**, — le **Sud** ou *Midi*, — l'**Est**, *Levant* ou *Orient*, — l'**Ouest**, *Couchant* ou *Occident*. On désigne ces points par leurs initiales N., S., E., O.

11. L'**Est** ou *Levant* se trouve du côté du ciel où nous voyons le Soleil se lever.

L'**Ouest** ou *Couchant* est du côté du ciel où nous voyons le Soleil se coucher.

Le **Nord** est le point que l'on a devant soi lorsqu'on a l'*Est* à sa droite et l'*Ouest* à sa gauche.

Le **Sud** ou *Midi* est le point opposé au nord.

12. Orientation. — *S'orienter, c'est se diriger à l'aide des points cardinaux*; il suffit d'en déterminer un seul pour connaître immédiatement les trois autres.

Fig. 5. — Orientation à midi.

Dans nos pays, lorsqu'à *midi précis* on tourne le dos au Soleil (fig. 5) et qu'on regarde son ombre, on a le **Nord** *devant soi*, dans la direction de cette ombre. — On a alors le Sud *derrière soi*, et en étendant les bras on désigne l'**Est** à sa droite et l'**Ouest** à sa gauche.

MIDI est l'instant de la journée où l'ombre d'une tige verticale sur un sol horizontal est *la plus courte*; à ce moment, la direction de l'ombre indique le Nord (Fig. 5, direction B N). — Voir le *Cours Moyen*, page 4).

13. Le Soleil ne se lève pas toute l'année au même point de l'horizon, et ne se couche pas non plus à un même point.

L'orientation par le lever ou le coucher du Soleil n'est près exacte qu'en *mars* ou en *septembre*. A ces époque étendant la *main droite* vers le *soleil levant*, on désigne on a alors le Nord devant soi, le Sud derrière soi, et l'Oues gauche. Mais en été et en hiver, l'erreur que l'on comme en s'orientant ainsi serait très considérable.

14. Pendant la nuit, une étoile appelée *Étoile p* permet de déterminer la direction du Nord. Lors regarde en face l'Étoile laire, on a le *Nord* devan le *Sud* derrière soi, l'*Est* droite et l'*Ouest* à sa gau

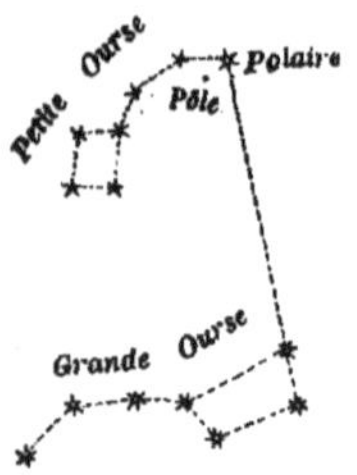

Pour trouver l'Étoile polai cherche d'abord la belle constel appelée le *Chariot* ou la *G Ourse*, remarquable par sept brillantes dont quatre forme carré long et les trois aut queue de la Grande Ourse. deux étoiles les plus éloignées queue on mène par la pensé ligne à peu près droite, on ren l'*Étoile polaire*, étoile brilla la constellation appelée la *Petite Ourse*.

Fig. 6.

15. Enfin on peut s'orienter en tout temps à d'une **boussole**, instru dont l'aiguille *aimantée* bile sur un pivot, se d vers un point situé du *Nord*. C'est lorsq pointe bleuie de l'ai est sur ce point (ma par le signe + sur la fi que les directions N. E., O., de la boussole quent les quatre points dinaux.

Fig. 7. — Boussole.

16. Sur les *cartes géographiques*, le Nord est ord rement en haut de la carte, le Sud en bas, l'E droite et l'Ouest à gauche.

17. Points intermédiaires. — Mention encore quatre points inte diaires très usités; ce son *Nord-Est*, situé à égale tance du Nord et de l'Es *Nord-Ouest*, entre le Nor l'Ouest; le *Sud-Est*, ent Sud et l'Est; le *Sud-C* entre le Sud et l'Ouest. désigne ces points inte diaires par les initiales N N.O., S.E., S.O. (fig. 8

Fig. 8.

Questionnaire. — En général, il suffira au Maître de faire précéder les titres de la plupart des paragraphes (imprimés en gros caractères) des mots : qu'est-ce que ou qu'appelle-t-on..... pour avoir un questionnaire très complet.

Devoirs. — *Complétez les phrases suivantes* (oralement ou par écrit) :

1. La Terre est...; elle a..... (dimensions). Le mouvement de rotation dure... et produit le... et la... La translation du
2. Les pôles sont...; l'équateur est.... — On appelle horiz
3. Un globe terrestre est...; une carte géographique est...
4. Les points cardinaux sont... ; les points intermédiaires s
5. L'Est s'appelle aussi...; l'Ouest s'appelle aussi.... et le Su
6. On appelle s'*orienter* le fait de...
7. On s'oriente à midi...; — la nuit en...
8. La boussole est... Sur les cartes, le Nord est...

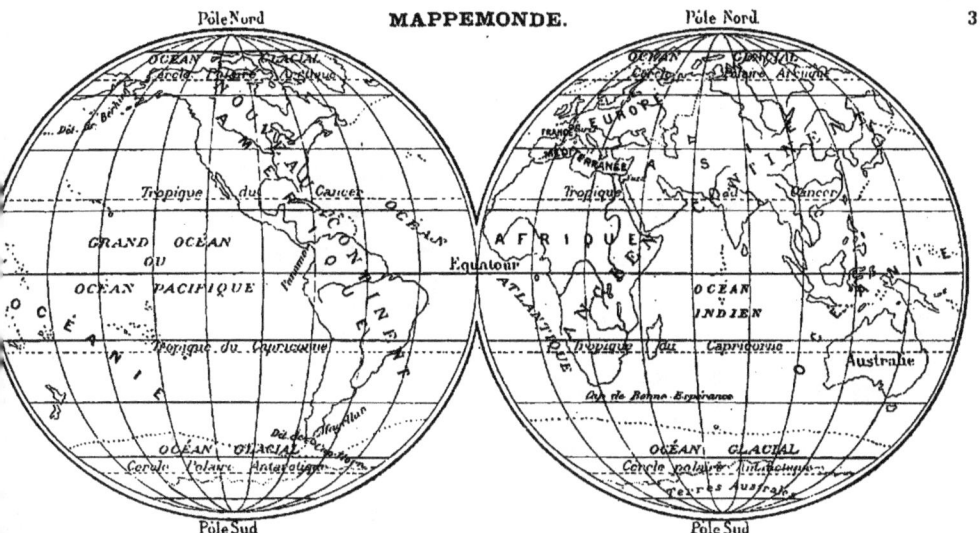

La Mappemonde est une carte qui représente toute la Terre; elle se compose de deux cercles égaux, dont chacun représente un hémisphère (demi-sphère) ou moitié du globe. — L'Équateur partage aussi la Terre en deux hémisphères; l'un correspondant au Nord, appelé *hémisphère Nord* ou *boréal*; l'autre, correspondant au Sud, *hémisphère Sud* ou *austral*.
On remarquera que l'hémisphère boréal contient la plus grande partie des continents.

§ III. — Continents et Océans.

18. La terre et la mer. — La surface de notre globe offre deux grandes divisions naturelles qui sont la *terre ferme* et la *mer*, vaste amas d'eau salée.
Les eaux de la mer couvrent environ les trois quarts de la surface terrestre. — Les terres occupent l'autre quart.

19. Continents. — Les continents sont d'immenses étendues de terre. Il y a deux continents : l'*Ancien* et le *Nouveau*.

L'Ancien continent comprend l'Europe à l'Ouest, l'Asie à l'Est et l'Afrique au Sud. — Une partie de ce continent était seule connue des Anciens.

Le Nouveau continent forme l'**Amérique**, découverte en 1492 par Christophe Colomb.

Enfin on admet un troisième continent appelé *Australie*, la plus grande des îles de l'Océanie.

Remarque. — Il est très probable que les régions inexplorées du Sud forment un *continent* glacé. On ne connaît que quelques points des *Terres Australes*.

20. Les cinq parties du monde. — L'Europe, l'Asie, l'Afrique, l'Amérique et l'Océanie sont appelées *cinq parties du monde*. — La France est située en Europe. (Voir la Mappemonde et page 10.)

21. Les cinq Océans. — La mer se divise en cinq *océans*, ou grandes mers, qui sont : 1° l'**Océan Atlantique** entre l'Ancien continent et l'Amérique; 2° le **Grand Océan** ou **Océan Pacifique**, entre l'Amérique, l'Asie et l'Australie; 3° l'**Océan Indien** entre l'Afrique, l'Asie et l'Australie; 4° l'**Océan glacial du Nord** autour du pôle nord; 5° l'**Océan glacial du Sud** dans la région polaire du Sud.

La Méditerranée est la plus importante des mers particulières.

22. Relief des continents. Profondeur des mers. — La surface terrestre n'est pas régulière. Sur les continents, les élévations du sol forment des *montagnes*; dans les parties basses, se sont amassées les eaux des océans.

Les hauteurs des plus grandes montagnes, comme les plus extrêmes profondeurs des mers, atteignent environ 9 kilomètres.

Ces inégalités considérables sont toutefois insignifiantes quand on les compare aux 13.000 kilomètres du *diamètre* de la Terre; *elles n'altèrent pas sa forme arrondie*.

23. La surface des continents, ainsi que la surface des mers, est courbe, comme on le voit sur un globe terrestre.
Remarquons enfin que si la mer couvre les trois quarts de la surface de la Terre, le *volume d'eau* n'est presque rien par rapport au volume du globe terrestre.

Devoirs. — *Complétez les phrases suivantes :*
La surface de notre globe se divise en... et en... La mer est... La mer couvre les... de la surface de la Terre.
On appelle continent... L'Ancien continent comprend... ; le Nouveau continent comprend...
L'Amérique a été découverte en... par... L'Australie est...
Les cinq parties du monde sont... Nous habitons la... qui est située en...

5. Les cinq Océans sont... La plus importante des mers particulières est la... qui est située entre l'E... l'A... et l'A...
6. D'après la Mappemonde, les parties du monde situées au Nord de l'équateur sont...; celles qui sont coupées par l'équateur sont... L'Australie est située au... de l'équateur.
7. L'hémisphère boréal contient la plus grande partie des... Les mers s'étendent surtout dans l'hémisphère...
8. *Dessinez à main levée une Mappemonde.*

§ IV. — **Termes géographiques.**

1° *Terres et relief du sol.*

23. Plaine. — Une *plaine* est une étendue de terrain presque uni, en général fertile.

24. Désert. — Un *désert* est une vaste étendue de terrain, nu, stérile et inhabité.

25. Steppe. — Un *steppe* est une plaine inculte, qui se couvre d'herbages temporairement.

Fig. 9. — Désert, oasis.

26. Oasis. — Une *oasis* est un petit espace fertile situé dans un désert.

27. Montagne. — Une *montagne* ou un *mont* est une masse considérable de roches fort élevée au-dessus du terrain qui l'environne. — Dans nos régions, les hautes montagnes sont couvertes de *neiges perpétuelles*.

28. On appelle **chaîne de montagnes** une longue suite de montagnes. Un ensemble de montagnes forme un **massif**.

Fig. 10. — Chaînes de montagnes. — Neiges perpétuelles.
Plateau.   Vallée.   Colline.

29. On donne le nom de *sommet, cime, pic, puy,* aux points les plus élevés d'une montagne.

30. On appelle *versants* ou *flancs* les diverses pentes d'une montagne.

31. Colline, coteau. — Une *colline* ou un *coteau* est une petite montagne (fig. 10).

32. Plateau. — Un *plateau* est une plaine plus ou moins élevée (fig. 10).

33. Volcan. — Un *volcan* est une montagne qui rejette, par une ou plusieurs ouvertures appelées *cratères*, de la fumée, des cendres, de la boue et des matières en fusion appelées *laves*.

Fig. 11. — Volcan.

34. Vallée. — On appelle *vallée* la partie profonde située entre deux montagnes ou deux chaînes de montagnes (fig. 10).

35. Col. — Un *col* est un passage étroit entre deux montagnes.

36. Altitude. — L'*altitude* d'une montagne, d'un col, etc., est sa hauteur au-dessus du niveau des mers.

2° *Terres en contact avec la mer.*

37. Côtes. — On appelle *côtes, rivage* ou *littoral* les parties de terre baignées par la mer.

Fig. 12. — Grève, plage.

38. Grève, plage. — La *grève* ou la *plage* est une côte basse, unie et plate (fig. 12).

39. Falaise. — Une *falaise* est un grand escarpement de roches au bord de la mer (fig. 13).

40. Dune. — Une *dune* est une colline de sable, amoncelée par le vent.

Fig. 13. — Falaise.

41. Ile, archipel. — Une *île* est un espace de terre entouré d'eau de tous côtés.

Devoirs. — *Complétez les phrases suivantes :*
1. On appelle plaine une...; on appelle montagne...; — plateau...; — vallée...; — colline...; — désert...; — oasis...; — sommet...; — volcan...; — massif...; — chaîne...
2. Un steppe est...; un steppe est donc moins aride qu'un...
3. L'altitude d'un sommet est...
4. Une côte est...; une plage est...; une falaise est...; une île est...; une presqu'île est...; un archipel est...; une dune est...
5. Une grève est...; un isthme est...; un cap est...; une pointe...
6. Un promontoire s'appelle aussi un...
7. Un golfe est...; un port est...; une anse est...; — un détroit...
8. On appelle fleuve... Une rivière est... ou bien... (n° 58).
9. Un marais est... On l'appelle aussi... Une lagune est...
10. On appelle source d'un cours d'eau... Un ruisseau est...
11. L'embouchure d'un fleuve est... On l'appelle... quand elle évasée; on l'appelle bouches quand... Un delta est...
12. L'affluent d'un fleuve est... Un confluent est...
13. Une terre entourée d'eau de tous côtés est une... Une... est une terre presque entourée d'eau de tous côtés.
14. Un..., une..., une..., est une partie de mer qui s'avance dans les terres... Les navires s'abritent dans une... ou dans un...
15. Une partie de mer resserrée entre deux terres est...
16. Quand on descend le cours de l'eau, on a sur sa droite rive... et sur sa gauche...

TERMES GÉOGRAPHIQUES.

rchipel est un groupe d'îles (voir page 31).

Fig. 14. — Ile.

Presqu'île. — Une *presqu'île* ou *péninsule* est tendue de terre presque entourée d'eau et tenant à autre terre par un côté.

Isthme. — Un *isthme* est une langue de terre éunit une presqu'île à une autre terre.

Fig. 15. — Presqu'île, isthme.

Cap. — Un *cap* ou *promontoire* est une portion re qui s'avance dans la mer. — Une *pointe* est un cap.

 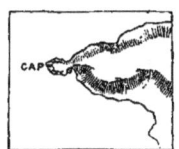

Fig. 16. — Cap.

3° *Termes relatifs aux eaux*.

Golfe. — Un *golfe* est une partie de mer qui nce dans les terres.

Fig. 17. — Golfe.

Baie, anse. — **Rade, port.** — Les *baies* et les *anses* de petits golfes. — Une *rade* est un petit golfe. Un *port* est un très petit golfe, aménagé pour oir des navires.

Fig. 18. — Détroit.

47. **Détroit.** — Un *détroit* est une portion de mer resserrée entre deux terres. On l'appelle aussi *pas*, *canal*, *pertuis*.

48. **Lac.** — Un *lac* est un grand amas d'eau au milieu des terres.

Fig. 19. — Lac.

49. **Étang, lagune.** — **Marais, marécage.** — Un *étang* est un petit lac peu profond. Un étang communiquant avec la mer prend souvent le nom de *lagune*.

On appelle *marais* ou *marécage* un terrain couvert d'eau stagnante et peu profonde.

50. **Fleuve.** — Un *fleuve* est un grand cours d'eau qui se jette dans la mer.

51. **Rivière.** — Une *rivière* est un cours d'eau plus ou moins considérable qui se jette dans un fleuve ou dans une autre rivière. (Voir n° 58.)

Un *ruisseau* est une très petite rivière.

52. **Source.** — La *source* d'un cours d'eau est le lieu où ce cours d'eau prend naissance.

53. **Embouchure.** — L'*embouchure* d'un fleuve est le lieu où le fleuve se jette dans la mer. Quand l'embouchure est évasée, elle prend le nom d'*estuaire*; quand

 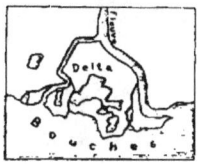

Fig. 20. — Estuaire. Fig. 21. — Bouches.

le fleuve se jette dans la mer par plusieurs *branches* ou *bras*, on donne à l'embouchure le nom de **bouches**, et on appelle *delta* le terrain compris entre la mer et les bras du fleuve.

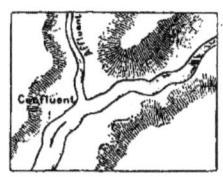

Fig. 22. — Affluent, confluent.

54. **Affluent, confluent.** — On appelle *affluent* d'un fleuve ou d'une rivière un cours d'eau qui se jette dans ce fleuve ou dans cette rivière.

On nomme *confluent* le point de réunion de deux cours d'eau.

55. **Rive droite, rive gauche.** — La *rive droite* d'un cours d'eau est celle qui est à la droite d'une personne qui descend le cours de l'eau, et la *rive gauche* celle qui est à sa gauche.

1**

MARÉES. — ATMOSPHÈRE.

56. Amont, aval. — Lorsqu'une ville se trouve sur un cours d'eau, on dit que toutes les villes situées sur ce cours d'eau, du côté de la source, sont *en amont* de cette ville (vers la montagne), et que les villes situées du côté de l'embouchure sont *en aval*.

Ainsi Troyes est *en amont* de Paris, et Rouen est *en aval* de Paris ; etc. (Voir la carte, p. 10.)

57. Canal. — Un *canal* est un cours d'eau artificiel (c'est-à-dire creusé de main d'homme).

58. Bassin. — On appelle *bassin d'un fleuve* l'ensemble des terrains qui, par leurs pentes naturelles, jettent leurs eaux dans ce fleuve. — La même définition s'applique au bassin d'une mer.

On désigne par **bassin secondaire** le bassin d'un *fleuve côtier* (ces petits fleuves sont aussi appelés *rivières*).

59. Ceinture d'un bassin — Un bassin a pour *ceinture* ou pour *limites* des chaînes de montagnes, et parfois même de très faibles reliefs du sol.

60. Versant. — On appelle *versant* l'ensemble des pentes qui jettent leurs eaux d'un même côté.

61. Ligne de partage des eaux. — On nomme ainsi la ligne sinueuse qui suit la crête des hauteurs servant de limite à deux bassins. En effet, l'eau qui tombe sur les sommets se divise en deux parties, pour couler dans des directions contraires.

Fig. 23. — Mer agitée. — Vagues.

§ V. — Les Marées. — Les Courants marins.

62. Vagues. — Les *vagues* sont de longues ondulations que le vent soulève à la surface de la mer.

63. Marées. — Les marées sont des oscillations régulières et périodiques des eaux de l'océan.

Pendant six heures environ, le niveau des eaux s'élève, et la mer s'avance sur le rivage. Ce premier mouvement s'appelle *flux* ou *marée montante*. Après un moment d'arrêt, le niveau baisse et les eaux se retirent pendant environ six heures ; ce second mouvement s'appelle ou *marée descendante*. Puis le flux recommence et de suite.

Les marées sont causées par l'attraction du Sol surtout de la Lune, sur les eaux de l'océan.

Les marées se produisent avec plus ou moins d'int sur les côtes des océans. Mais elles sont pour ains nulles dans la Méditerranée, qui est une mer intér

64. Courants. — Les *courants marins* son déplacements réguliers d'énormes masses liquide forment à travers les océans comme d'immenses fl d'eau salée.

Il y a des *courants chauds* qui vont de l'équateu les pôles, et des *courants froids* qui vont des océa laires vers les mers équatoriales.

Les côtes occidentales de l'Europe sont réchauffé un grand courant, le *Gulf Stream*.

65. Le fond des mers. — Les inégalités du sol se nuent sous les eaux ; mais les abîmes sous-marins en étendus que les reliefs terrestres. Le fond des mers est d'argile rouge, de sable, de vase, etc., et parfois de végét Des myriades d'êtres vivants peuplent les mers : po *cétacés* (baleines), *coquillages*, *polypes* (coraux), etc.

§ VI. — L'Atmosphère.

CIRCULATION DES EAUX.

66. Atmosphère. — L'*atmosphère* est la c d'air qui enveloppe la Terre de toutes parts. L'a transparent, très léger et sans couleur ; mais en g masse, il est bleu. L'aspect bleuâtre de la voûte rente du ciel est dû à l'atmosphère. — L'air est pensable à la vie.

67. Vent, tempête, ouragan. — Le ven autre chose que de l'air en mouvement ; il est d'a plus fort que l'air se déplace plus vite.

Lorsque le vent souffle avec violence, il produi *tempêtes*, des *ouragans*, des *cyclones*.

68. Nuages. — Les *nuages* sont des amas d peurs d'eau qui s'élèvent dans l'atmosphère. Ils formés par l'évaporation des eaux de la mer, sous fluence des rayons du Soleil. Cette évaporation p de l'électricité, qui est la cause de la *foudre* (*tonnerre*).

69. Pluie, neige, grêle. — Les nuages, refroidissant, se transforment en *pluie*. — Si le refr sement est plus grand, les nuages se transforment en *neige* et quelquefois en *grêle*.

Bien que l'eau de la mer soit salée, les vapeurs qu dégagent ne contiennent pas de sel ; voilà pourqu vapeurs en redevenant liquides, donnent de l'eau d

---

Devoirs. — *Complétez les phrases suivantes :*
1. Le bassin d'un fleuve est... Le bassin d'une mer est... Un bassin secondaire est...
2. Un canal est... Un fleuve côtier s'appelle aussi...
3. Le faîte d'une toiture à deux pentes représente une ligne de... En effet, l'eau qui tombe sur cette toiture se divise...

Exercices oraux. — 4. Montrer sur la *carte de France*, page 10, des exemples de détroits, de caps, d'îles, de pres — d'estuaires, de bouches, de delta, d'affluents, de con — de montagnes, de vallées, de pics, de chaînes de mont 5. D'après la même carte, dire si Orléans est en amont ou de Nantes? — si Bordeaux est en amont ou en aval de louse? — si Tours est en amont ou en aval de N d'Orléans? — (*Le Maître posera aussi des questions s exemples locaux.*)

PLANISPHÈRE. — ASPECTS DE LA SURFACE TERRESTRE. — COURANTS.

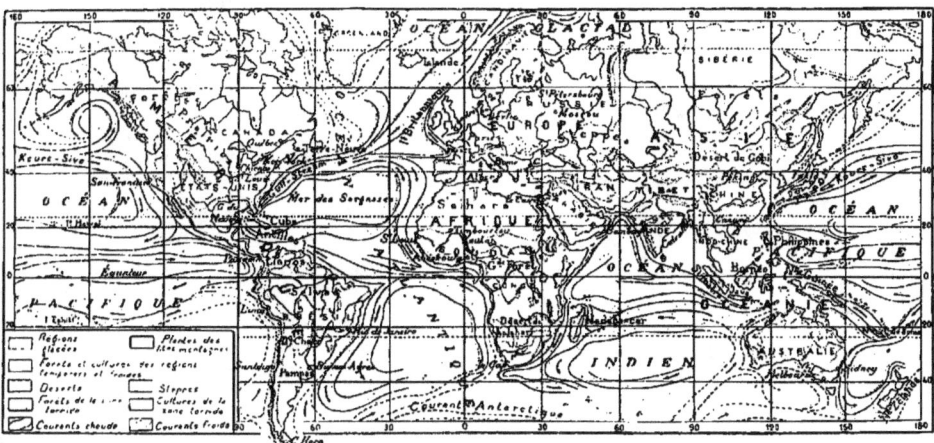

Un **Planisphère** est la représentation, sur une feuille *plane* ou plate, de la surface *convexe* ou arrondie de la Terre. Cette carte supposée dessinée sur une feuille de papier transparent, enroulée autour d'un globe terrestre, et que l'on déroule ensuite.

70. Origine des cours d'eau. Sources, glaciers. — L'eau de la pluie qui pénètre dans le sol et qui reparaît plus loin à la surface, forme les sources des cours d'eau.

Sur les hautes montagnes les neiges s'accumulent, durcissent et deviennent des **glaciers** qui, en fondant, donnent aussi naissance à des cours d'eau.

71. Retour à la mer. — En général, les cours d'eau se rendent plus ou moins directement à la mer. On voit donc que l'eau qui se trouve à la surface de la terre vient de la mer et y retourne.

§ VII. — Climats, Saisons.

72. Distribution de la chaleur à la surface du globe. — On peut dire que la chaleur va diminuant de l'équateur aux pôles.

Les régions équatoriales ont des climats brûlants; elles constituent la **zone torride** ou « ceinture chaude ».

Au contraire, vers le pôle Nord et le pôle Sud règnent des froids excessifs (**zones glaciales**).

Entre ces climats extrêmes sont deux régions tempérées : l'une dans l'hémisphère Nord, l'autre dans l'hémisphère Sud (**zones tempérées**).

73. Les quatre saisons. — Il y a dans l'année quatre saisons : le *Printemps*, l'*Été*, l'*Automne*, l'*Hiver*. Dans nos pays, l'**Hiver** est la saison des froids et des neiges, des petits jours et des longues nuits.

En Été au contraire, les chaleurs sont très fortes; les jours sont longs et les nuits courtes.

Le Printemps et l'Automne ont des températures modérées; les jours et les nuits s'égalisent au commencement de ces deux saisons.

74. Les saisons dans les diverses régions du globe. — Les saisons ne sont pas caractérisées partout de la même manière.

Dans les contrées torrides, l'année se divise en deux périodes, toujours très chaudes : la *saison des pluies* et la *saison sèche*. Sous l'Équateur, la durée du jour égale celle de la nuit pendant toute l'année.

Dans les régions polaires, une température très froide sévit constamment. La mer et les terres sont couvertes de glace. Aux pôles mêmes, il y a *six mois de jour* continu, et *six mois de nuit* continue.

75. Les saisons sont *inverses* dans les deux hémisphères. Pendant que l'hémisphère boréal est en été, c'est au contraire la saison froide qui règne dans l'hémisphère austral, etc. (Voir l'Explication des saisons, *Cours Moyen*, page 2.)

76. Les pluies et les cultures. — Déserts. — Dans les pays équatoriaux, la chaleur et des pluies abondantes favorisent une végétation luxuriante (*forêts vierges*) et diverses cultures : riz, maïs, coton, café, canne à sucre, etc.

Les régions tempérées sont arrosées plus modérément. Elles produisent le blé, la vigne, la pomme de terre, etc. On y trouve de belles forêts et des pâturages.

Mais entre les pays tempérés et la région équatoriale, certaines contrées, *privées de pluie*, restent à l'état de **déserts** ou de **steppes**, qui s'étendent surtout dans l'hémisphère boréal. (Voir le Planisphère).

Devoirs. — *Complétez les phrases suivantes :*
Les vagues sont...; On appelle marées... La marée montante s'appelle... Le reflux est...
L'attraction de la... et celle du... causent les marées.
Les courants marins sont... Les courants..., vont de l'équateur vers le pôle N..., les courants froids vont...
La mer est peuplée par des.... des..., des.., ,
L'atmosphère est...: le vent est...: les nuages sont...

6. La pluie provient des...; il se forme de la neige quand...
7. Les glaciers sont... Les eaux courantes viennent de la..., par l'intermédiaire des...; elles retournent à...
8. On appelle *zone torride*...; — *zones glaciales*...; — *zones tempérées*... La France est située dans une zone...
9. Les quatre saisons sont... Il fait toujours chaud sous l'...
10. Il y a une végétation luxuriante dans.... Il y a des déserts entre... Autour des pôles, les glaces couvrent les...

GÉOGRAPHIE LOCALE. — INTRODUCTION A L'ÉTUDE DE LA FRANCE.

§ I. — Plan de l'école, de la ville.

77. Plan de l'école. — Le *plan* d'une école est un dessin géométrique représentant en petit cette école, que l'on suppose rasée au niveau du sol.

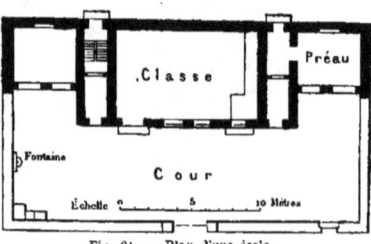

Fig. 24. — Plan d'une école.

78. Plan de la ville. — De même, le *plan* d'une ville représente en petit les dispositions relatives des maisons, des rues, des places, des monuments, etc., qui composent cette ville.

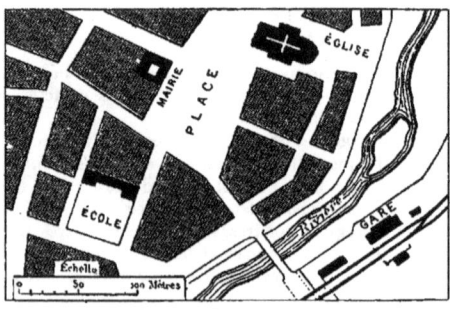

Fig. 25. — Plan d'une ville.

79. Échelle. — Un plan est accompagné d'une *échelle*, ligne droite divisée en mètres, qui sert à à mesurer sur le plan les *dimensions* des édifices, des rues, etc.
Le Maître tracera le plan de l'école à l'échelle d'*un centimètre par mètre*; il expliquera l'emploi de l'échelle.
Ensuite, il mettra sous les yeux des élèves un *plan de la ville*, qu'il orientera. Il fera observer que ce plan n'indique plus tous les détails, car l'échelle adoptée pour le plan de la ville est moins grande que celle qui a servi pour le plan de l'école.

80. Le plan et la carte. — La notion du plan servira à mieux comprendre la carte géographique. *La carte peut être considérée comme un plan à très petite échelle.* Sur la carte les détails s'effacent donc de plus en plus et les villes, les montagnes, les cours d'eau, etc. ne sont plus représentés que par des *signes conventionnels*.
L'échelle des cartes, divisée en kilomètres, sert à évaluer la distance à *vol d'oiseau* d'un point à un autre.

§ II. — Divisions administratives.

81. Commune. — On appelle *commune* l'ensemble du territoire administré par un *Maire*, un ou plusieurs *Adjoints* et un *Conseil municipal*.
Il y a dans chaque commune un ou plusieurs centres d'agglomération, qui prennent différents noms :

82. Hameau. — Un *hameau* est la réunion de quelques habitations dans la campagne.

83. Village, bourg. — Un *village* est une agglomération d'un certain nombre de maisons, séparées par des rues. Un *bourg* est un grand village.

84. Ville. — Enfin si les habitations sont réunies en grand nombre, l'agglomération prend le nom de *ville*. Les villes ont une importance très variable.

85. Canton. — Un *canton* est la réunion de plusieurs communes.
Chaque canton a un *chef-lieu de canton*, commune où réside un magistrat appelé *Juge de Paix*.

86. Arrondissement. — Un *arrondissement* est un territoire composé de plusieurs cantons.
En général, l'arrondissement est administré par un *Sous-Préfet* qui réside dans une commune appelée *chef-lieu d'arrondissement*. — Le Sous-Préfet est assisté d'un *Conseil d'arrondissement*.

87. Département. — Un *département* est un territoire composé de quelques arrondissements.
Le *chef-lieu de département* est la ville où réside le *Préfet*, administrateur de tout le département, ainsi que de l'arrondissement qui contient le chef-lieu.
Il y a dans chaque département un *Conseil général*.

88. Ainsi : *le département se divise en arrondissements, l'arrondissement en cantons et le canton en communes.*

89. Noms des départements. — Les départements qui composent le territoire français tirent leur nom, soit des cours d'eau qui les arrosent, soit des montagnes qu'ils contiennent, soit de leur situation, etc.

90. Divisions de la France. — La France comprend 86 départements (plus le territoire de Belfort), 362 arrondissements, 2.908 cantons et 36.1.. communes.

91. Anciennes provinces. — Avant 1789, la France était divisée en *provinces*, dont les noms sont encore très usités ; telles sont : la Normandie, la Champagne, l'Alsace, la Bretagne, l'Auvergne, le Languedoc, etc. (Voir page 18.)

Devoirs. — *Complétez les phrases suivantes :*
1. On appelle plan... L'échelle est.... qui sert à ..
2. Une commune est... On appelle hameau...; — village...; — bourg...; — ville...
3. Un canton est...; un arrondissement est...
4. Un département est... Il se divise en...; cette division se partage en..., et chaque..., en...
5. Avant 1789, la France se divisait en..., telle que...
6. L'école se trouve dans le canton de...; dans l'arrondissement de...; dans le département de... Elle appartenait à la province de...
7. *Citez, dans la région, un exemple de commune :* ...; — *de hameau :* ...; — *de village :* ...; — *de bourg :* ...; — *de ville :* ...
Dessin. — 8. Donnez un dessin cartographique des termes géographiques relatifs aux terres.
9. Même devoir pour les termes relatifs aux eaux.
10. Faites un croquis du plan de l'école.

LA FRANCE

§ I. — Aperçu général.

92. Forme de la France. — La forme de la France est à peu près celle d'un *hexagone* ou figure à six côtés.

Fig. 26. — Limites de la France.

93. Limites. — La France est limitée : au **Nord**, par la *Manche*, le *Pas de Calais* et la *Mer du Nord* (qui la séparent de l'Angleterre), par la Belgique et le Luxembourg ; — à l'**Est**, par l'Allemagne (Alsace-Lorraine), par le *Jura* et le *lac de Genève* (qui la séparent de la Suisse), et par les *Alpes* (qui la séparent de l'Italie) ; — au **Sud**, par la *Mer Méditerranée*, et par les *Pyrénées* (qui la séparent de l'Espagne) ; — à l'**Ouest**, par l'*Océan Atlantique*.

94. Superficie. — La superficie de la France est d'environ 530.000 kilomètres carrés, c'est-à-dire à peu près la millième *partie* de la surface totale du globe. Du Nord au Sud, dans sa plus grande dimension, la France a environ 1.000 kilom. de longueur.

95. Population. — La population de la France est de 39 millions d'habitants.

96. Capitale. — La capitale de la France est PARIS, une des plus grandes villes du monde.

97. Situation. — La France est située à l'Ouest de l'Europe (voir page 22), au centre des nations les plus civilisées. Sa remarquable situation entre l'Atlantique et la Méditerranée, ses points de contact avec le continent, son climat tempéré, en font un des États les plus favorisés de l'Europe.

98. Les grands fleuves. — La France est arrosée par de nombreux cours d'eau dont les plus importants sont quatre grands fleuves : 1° la *Seine*, qui passe à Paris et se jette dans la Manche ; 2° la *Loire*, qui se jette dans l'Atlantique ; 3° la *Garonne*, qui se jette dans l'Atlantique par un vaste estuaire appelé *Gironde* ; 4° enfin le *Rhône*, qui forme le *lac de Genève* et se jette dans la Méditerranée.

§ II. — Relief du sol.

99. Plaines et montagnes. — Les régions du *Nord* et de l'*Ouest* de la France sont surtout des pays de plaines ; au contraire, le *Centre*, le *Sud*, et l'*Est*, sont des régions montagneuses.

100. Grandes plaines. — Les principales plaines sont : les riches plaines de *Flandre*, de *Normandie*, de la région parisienne ; — les plaines arides de la *Champagne* ; — les terres à blé de la *Beauce* ; — la *Sologne*, marécageuse, en partie boisée ; — la fertile *plaine de la Garonne* ; les *Landes*, aujourd'hui boisées. Vers l'Est et le Sud, signalons : la belle *vallée de la Saône et du Rhône* ; — la plaine du *Bas-Languedoc*.

Fig. 27. — Plaine de Sologne.

Fig. 28. — Alpes. — Le Mont Blanc.

Devoirs. — *Complétez les phrases suivantes :*
1. La France a la forme générale d'un... ou...
2. Les mers qui limitent la France sont....
3. Les États qui bornent la France sont.... La Manche nous sépare de.... Les Pyrénées nous séparent de...; les Alpes, de...
4. La Méditerranée nous isole de l'...; l'Atlantique, de... (Map., p. 3).
5. La France a...... de superficie, et ... de longueur.
6. La surface totale du globe est.....fois plus grande que la France.
7. La France a... habitants. Sa capitale est...
8. La France est située entre l'océan... et la mer....
9. Le climat de la France est..... Les quatre grands fleuves sont...
10. Les régions de la France, surtout montagneuses, sont.... Les pays de plaines et de collines sont au... et à...
11. **Carte.** — Tracez une carte de France (très simple).

(Pour copier les Cartes de France, voir la méthode des carrés, page 33)

FRANCE. — RELIEF DU SOL.

PLANISPHÈRE. — La France dans le monde. — Colonies. — Communications.

01. **Principales montagnes.** — Sur nos fron-
..., les principales montagnes sont : à l'Est, les *Alpes*,
... et les *Vosges*; au Sud, les *Pyrénées*. — Dans
...érieur de la France s'élève le *Massif Central*.

02. Les **ALPES** qui s'étendent en France, en
..., en Suisse et en Autriche, sont les montagnes les
... importantes de l'Europe; leurs sommets sont cou-
... de *neiges perpétuelles* (fig. 28) et leurs glaciers
... naissance à de grands fleuves. Leurs pentes
... couvertes de forêts et de pâturages.
... point le plus élevé est le **Mont-Blanc** (4.810 m.).
... la grande chaîne, où se dresse aussi le *Mont Viso*,
...tachent : les ALPES DE SAVOIE ; — les ALPES DU
...PHINÉ, avec le *Pelvoux* (4.103 m.), le *Dévoluy*, le
...oux; — les ALPES DE PROVENCE, avec le *Pelat*.
... a percé à travers les Alpes les tunnels du *Mont-
...s*, du *Saint-Gothard*, etc.

03. Le Jura, qui nous sépare de la Suisse, se com-
... de chaînes parallèles ; il atteint 1.723 m. au *Crêt de
...eige*.

04. Les Vosges, aux sommets arrondis, forment notre
...tière avec l'Alsace-Lorraine, depuis 1871.

05. Les **Pyrénées**, moins élevées que les Alpes,
... également des cimes couvertes de neiges persis-
...es, mais leurs glaciers sont peu étendus. Elles se
...sent entre la France et l'Espagne comme une bar-
... presque infranchissable. La partie la plus élevée
... chaîne est la *Maladetta* (3.404 m.) en Espagne.
...arquons en France le *Vignemale*, le *Pic du Midi*, et
...*ont Canigou*.

06. Le **Massif Central** ou **Plateau Central**
... au centre de la France une surface montagneuse,
...inée vers le Rhône par l'escarpement des **Cévennes**,
... dominent le *Mézenc* et le *Mont-Lozère*. Au delà se
...vent les arides plateaux des *Causses*.
... milieu du massif, les *Monts du Velay*, du *Forez*,
... séparent la Loire de l'Allier.
...fin, sur le plateau, s'élèvent les **Monts d'Auvergne**,
...s éteints, parmi lesquels le *Puy de Sancy* (1886 m.), le
...*l*, le *Puy de Dôme*.
...rs l'Ouest s'étendent les *Monts du Limousin*.

07. **Principales collines.** — Citons d'abord,
... prolongement des Cévennes, les **Monts du Morvan**,
...*Côte-d'Or* et le *plateau de Langres* ; — au Nord-Est,
...*ateau Lorrain* et les **Ardennes** ; — à l'Ouest, les col-
... de *Normandie*, de *Bretagne*, du *Poitou*.

08. **Ile de Corse.** — L'île de CORSE, dans la Mé-
...ranée, est couverte de hautes montagnes dont la
... élevée est le *Monte Cinto* (2.700 m.).

§ III. — **Les côtes de France.**

109. **Littoral de l'Atlantique.** — La France
est baignée à l'Ouest et au Nord-Ouest par l'**Océan
Atlantique**, dont la *Manche*, le *Pas de Calais* et la *Mer
du Nord* ne sont que des dépendances.

Sur la Mer du Nord et le Pas de Calais, ainsi que du
cap Gris Nez à l'embouchure de la Somme, la côte est
basse, sablonneuse, bordée de dunes.

En continuant à longer le littoral de la Manche, nous
trouvons ensuite de hautes falaises jusqu'à *l'estuaire de
la Seine*. Après, le littoral est tantôt sablonneux, tantôt
escarpé et bordé d'écueils. Remarquons ici la *presqu'île du
Cotentin*, le *Cap de la Hague*, le *golfe de St-Malo* [et les
îles *Jersey, Guernesey*, à l'Angleterre].

Puis la grande *presqu'île de Bretagne* terminé par la
pointe St-Mathieu, s'avance entre la Manche et l'Océan
Atlantique proprement dit. Les côtes de Bretagne sont
rocheuses, très découpées, bordées d'écueils, et souvent
battues par les tempêtes.

Le littoral s'abaisse de nouveau vers *l'estuaire de la
Loire*. De là jusqu'à la *Gironde*, les côtes sont généra-
lement basses et sablonneuses ; on y rencontre de nombreux *marais salants*, bassins peu profonds où l'on fait
évaporer l'eau de la mer pour en extraire le sel.

Le long de ces côtes se trouvent plusieurs îles : îles
d'*Ouessant*, de *Groix*, *Belle-Ile*, *Noirmoutiers*, île d'*Yeu*,
îles de *Ré* et d'*Oléron*.

Enfin, de la Gironde à la frontière espagnole, le littoral
qui borde une partie du vaste *golfe de Gascogne* est
formé de dunes boisées ; puis il redevient rocheux.

110. **Littoral de la Méditerranée.** — Les
côtes de France sur la Méditerranée présentent dans leur
ensemble deux courbes en sens inverse.

La première, du *cap Cerbère* au *delta du Rhône*, s'en-
fonce dans les terres et forme le *golfe du Lion* ; son littoral, rocheux près des Pyrénées est ensuite bas, sablonneux, couvert d'étangs.

La seconde courbe, au contraire, s'avance dans la mer
et forme les côtes de *Provence* qui sont élevées, rocheuses, découpées ; on y remarque les îles d'*Hyères*. Cette
région jouit d'un climat admirable.

A 160 kilomètres du littoral est située la **Corse**, grande
île montagneuse, terminée au Nord par le *cap Corse*. Au
Sud, le *détroit de Bonifacio* la sépare de la Sardaigne
(page 22).

§ IV. — **Les bassins.**

111. **Bassins principaux.** — On compte en
France un certain nombre de bassins que l'on groupe en
cinq *bassins principaux*, les bassins 1° du Rhin ; 2° de
la Seine ; 3° de la Loire ; 4° de la Garonne ; 5° du Rhône.

...evoirs. — Compléter les phrases suivantes :
...s grandes plaines sont : dans le Nord...; — Dans le Cen-
...:...; — Dans le Sud....
...ans la région montagneuse, on remarque la grande vallée...
du....
...s montagnes qui bornent la France sont : à l'Est...: — au
d.... Les plus importants sont les...
...rs le milieu de la France s'élève le...; on y remarque...

5. Les Alpes s'étendent en..... Leur point culminant est..... les
autres sommets remarquables sont.....
6. Le Jura nous sépare de...; Les Vosges nous séparent de....
7. Les Pyrénées nous séparent de...; leurs grands sommets sont....
8. Il y a des glaciers dans... et dans....
9. Les chaînes remarquables du Massif Central sont...; les sommets
principaux sont...; le plus élevé est....; c'est un ancien v....
10. Les principales collines sont... Le Monte Cinto se trouve en....

FRANCE. — LES BASSINS.

Devoirs. — *Complétez les phrases suivantes :*
1. L'Océan Atlantique forme la... le détroit de... la mer du...
2. La Manche forme les golfes de... et de... On remarque les estuaires de..., les caps..., les presqu'îles du... et de..., les îles...
3. Il y a des dunes près de... ; — des falaises... ; — des rochers...
4. L'Atlantique forme le golfe de... On y remarque les estuaires de..., la pointe..., les îles... On trouve des marais salants...
5. La Méditerranée forme le golfe... On y remarque les bouches du..., le cap..., les îles... Le littoral est bas... ; — rocheux...
6. Les cinq bassins principaux de la France sont...
7. Le Rhin prend sa source..., forme..., se jette dans... par plusieurs... Il arrose les villes :... (carte; suivre jusqu'à Leyde).
8. Le Rhin ne touche plus à la France depuis...
9. La Meuse passe à... (suivre jusqu'à Rotterdam); l'Escaut arrose...
10. La Seine vient du... elle se jette... ; elle arrose (villes)...
11. Les affluents de la Seine sont..., les fleuves côtiers sont...
12. Le bassin de la Seine est ceinturé par... (Cherchez sur la carte ces collines ou hauteurs, qui sont souvent très faibles).

I. BASSIN DU RHIN.

12. Cours du Rhin. — Le RHIN (1320 kilomètres de longueur) est un des grands fleuves de l'Europe ; il prend sa source en Suisse, forme le lac de Constance et la *chute de Schaffouse*, coule en Allemagne, en Hollande et se jette dans la mer du Nord par plusieurs branches (*Leck*, *Vaal*, etc.), qui s'entremêlent à celles de la Meuse (n° 114).

Avant la guerre de 1870-71, le Rhin formait une partie de notre frontière avec l'Allemagne ; mais depuis la perte de l'Alsace-Lorraine, le fleuve n'a plus aucun point de son cours en France.

Le bassin du Rhin est très étendu, mais la France n'en possède qu'une très petite partie.

13. Affluents. — Parmi les affluents du Rhin, à gauche, citons : [l'*Ill*, en Alsace] et la Moselle (grossie de la *Meurthe*).

14. Bassins secondaires. — Remarquons : le bassin de la **Meuse**, fleuve qui coule en France, en Belgique et en Hollande ; — le bassin de l'Escaut.

II. BASSIN DE LA SEINE.

15. Cours de la Seine. — La SEINE prend sa source dans le *Plateau de Langres*, coule en général dans la direction du Nord-Ouest, et, après de nombreuses sinuosités, va se jeter dans la Manche par un large estuaire. Son cours est lent et régulier ; sa longueur est de 776 kilomètres.

16. Les principales villes situées sur la Seine sont Troyes, Melun, PARIS, Rouen ; le Havre est à son embouchure.

17. Affluents. — Les principaux affluents de la Seine sont :
Rive droite : l'*Aube*, la Marne et l'Oise (qui reçoit elle-même l'*Aisne*).
Rive gauche : l'Yonne et l'*Eure*.

18. Bassins secondaires. — Citons : le bassin de la Somme au Nord ; — celui de l'Orne à l'Ouest.

III. BASSIN DE LA LOIRE.

19. Cours de la Loire. — La LOIRE, le plus long fleuve de France, a un cours de 980 kilomètres. La Loire prend sa source dans les Cévennes ; elle coule d'abord vers le Nord, puis s'infléchit à l'Ouest et se jette dans l'Atlantique par un estuaire. Son cours est irrégulier et peu navigable.

120. La Loire passe à Roanne, Nevers, Orléans, Blois, Tours, Nantes.

121. Affluents. — Les affluents de la Loire sont :
Rive droite : la *Nièvre*, et la Maine formée par la *Mayenne* et la *Sarthe* (grossie du *Loir*).
Rive gauche : l'Allier, le *Loiret*, le *Cher*, l'*Indre*, la Vienne (grossie de la *Creuse*), et la *Sèvre-Nantaise*.

122. Bassins secondaires. — Remarquons les bassins de la Vilaine et du *Blavet*.

IV. BASSIN DE LA GARONNE.

123. Cours de la Garonne. — La GARONNE prend sa source en Espagne, dans les Pyrénées ; elle entre en France, coule vers le Nord et se dirige ensuite vers le Nord-Ouest. Avant son embouchure elle reçoit la Dordogne et forme avec elle un vaste estuaire appelé GIRONDE par lequel elle se jette dans l'Atlantique. Le cours de la Garonne est de 605 kilomètres.

124. Les principales villes situées sur la Garonne sont : Toulouse, Agen, Bordeaux.

125. Affluents. — Les affluents de la Garonne sont :
Rive droite : l'*Ariège*, le Tarn (qui reçoit l'*Aveyron*), le Lot et la **Dordogne** (qui reçoit la *Vézère*, grossie de la *Corrèze*, et l'*Isle*).
Rive gauche : le *Gers*, la *Baïse*.

126. Bassins secondaires. — Citons : au Nord, le bassin de la Charente, et celui de la *Sèvre-Niortaise* (qui reçoit la *Vendée*) ; — au Sud, le bassin de l'Adour (qui reçoit le *Gave de Pau*).

V. BASSIN DU RHÔNE.

127. Cours du Rhône. — Le RHÔNE prend sa source dans les Alpes suisses (massif du Saint-Gothard) forme le lac de Genève ou lac Léman, dont la rive gauche est française, arrive en France, se dirige vers Lyon où il fait un coude brusque ; il coule alors vers le Sud et se jette dans la Méditerranée par plusieurs branches formant un delta. Le Rhône est un fleuve rapide. Son cours a 812 kilomètres de longueur.

128. Le Rhône passe à [Genève], Lyon, Vienne, Valence, Avignon, Arles.

129. Affluents. — Les affluents du Rhône sont :
Rive droite : l'*Ain*, la **Saône** (grande rivière, grossie du Doubs), l'*Ardèche* et le *Gard*.
Rive gauche : l'Isère, la *Drôme* et la Durance.

130. Bassins secondaires. — Mentionnons les bassins de l'Aude ; de l'*Hérault* ; — du Var.

La Loire vient des... elle se jette dans... ; elle arrose...
Les affluents de la Loire sont... Les fleuves côtiers sont...
Le bassin de la Loire est ceinturé par... (carte).
La Garonne vient des... ; elle forme l'estuaire de... (avec ...) ; elle arrose les villes suivantes...
Les affluents de la Garonne sont... ; les fleuves côtiers sont...
Le bassin de la Garonne est ceinturé par... ; carte).
Le Rhône vient des..., forme le..., et se jette dans... par...

20. Les affluents du Rhône sont... ; les fleuves côtiers sont...
21. Le... et la... prennent leur source à l'étranger.
22. Les cours d'eau qui prennent leur source dans le Massif Central sont... ; — dans les Alpes... ; — dans les Pyrénées...
23. La Marne se jette dans... ; la Saône, dans... ; la Dordogne, dans... ; l'Allier, dans... ; le Doubs, dans... ; le Cher, dans... ; **Cartes.** 24. Tracez une carte de France, relief du sol (Page 9).
25. Tracez une carte des bassins. (Voir page 33.)

§ IV. — Les Anciennes provinces.

I. — NORD
La Flandre, capitale.. Lille.
L'Artois.............. Arras.
La Picardie.......... Amiens.
L'Ile-de-France...... PARIS.
La Champagne....... Troyes.
La Normandie....... Rouen.

II. — OUEST
La Bretagne, capitale. Rennes.
Le Maine............. Le Mans.
L'Anjou.............. Angers.
Le Poitou............ Poitiers.

III. — CENTRE
L'Orléanais, capitale.. Orléans.
La Touraine.......... Tours.
Le Berry............. Bourges.
Le Nivernais......... Nevers.

IV. — MASSIF CENTRAL
Le Bourbonnais, capit. Moulins.
La Marche............ Guéret.
Le Limousin.......... Limoges.
L'Auvergne........... Clermont.

V. — EST
La Lorraine, capitale. Nancy.
L'Alsace............. Strasbourg.
La Franche-Comté.... Besançon.
La Bourgogne........ Dijon.
Le Lyonnais.......... Lyon.

VI. — SUD-EST
La Savoie, capitale.. Chambéry.
Le Dauphiné......... Grenoble.
La Provence......... Aix.
Le Comté de Nice.... Nice.
La Corse............. Bastia.
l'État d'Avignon, etc. Avignon.
Le Languedoc........ Toulouse.
Le Roussillon........ Perpignan.

VII. — SUD-OUEST
L'Angoumois, capitale. Angoulême.
L'Aunis.............. La Rochelle.
et la Saintonge..... Saintes.
La Guyenne.......... Bordeaux.
et la Gascogne..... Auch.
Le Béarn............. Pau.
Le Comté de Foix.... Foix.

§ V. — Les 86 Départements. — Les Régions.

DÉPARTEMENTS.	CHEFS-LIEUX.	DÉPARTEMENTS.	CHEFS-LIEUX.	DÉPARTEMENTS.	CHEFS-LIEUX.
I. — RÉGION DU NORD.		La Maine-et-Loire....	Angers.	Le Jura.............	Lons-le-Saunier.
(A, Plaines du Nord.)		Les Deux-Sèvres......	Niort.	La Côte-d'Or........	Dijon.
Nord.............	Lille.	La Vienne...........	Poitiers.	La Saône-et-Loire....	Mâcon.
Pas-de-Calais.....	Arras.	**III. — RÉGION DU CENTRE.**		L'Ain................	Bourg.
Somme............	Amiens.	*Plaines de la Loire moyenne.*		Le Rhône............	Lyon.
(B) Plaines parisiennes.		Le Loiret............	Orléans.	**VI. — RÉGION DU SUD-EST.**	
...isne	Laon.	Le Loir-et-Cher......	Blois.	*(P) Alpes. Vallée du Rhône.*	
...ise	Beauvais.	L'Indre-et-Loire.....	Tours.	La Haute-Savoie.....	Annecy.
Seine-et-Marne....	Melun.	L'Indre.............	Châteauroux.	La Savoie...........	Chambéry.
Seine-et-Oise	Versailles.	Le Cher............	Bourges.	L'Isère.............	Grenoble.
Seine.............	PARIS.	La Nièvre...........	Nevers.	La Drôme...........	Valence.
...ure-et-Loir......	Chartres.	**IV. — RÉGION DU MASSIF CENTRAL.**		Les Hautes-Alpes....	Gap.
(C) Plaines de Champagne.		*Hautes terres du Massif.*		Les Basses-Alpes....	Digne.
Ardennes........	Mézières.	L'Allier.............	Moulins.	*(B) Littoral Méditerranéen.*	
Marne............	Châlons-s.-Marne.	La Creuse...........	Guéret.	Les Alpes-Maritimes..	Nice.
Haute-Marne.....	Chaumont.	La Haute-Vienne.....	Limoges.	Le Var.............	Draguignan.
...ube.............	Troyes.	La Corrèze..........	Tulle.	Les Bouches-du-Rhône	Marseille.
...onne............	Auxerre.	Le Puy-de-Dôme.....	Clermont-Ferrand.	Le Vaucluse.........	Avignon.
(D) Normandie.		Le Cantal...........	Aurillac.	Le Gard.............	Nîmes.
Seine-Inférieure..	Rouen.	La Haute-Loire......	Le Puy.	L'Hérault...........	Montpellier.
...ure.............	Évreux.	La Loire............	Saint-Étienne.	L'Aude.............	Carcassonne.
Calvados..........	Caen.	La Dordogne........	Périgueux.	Les Pyrénées-Orientales	Perpignan.
...rne.............	Alençon.	Le Lot..............	Cahors.	La Corse............	Ajaccio.
Manche...........	Saint-Lô.	Le Tarn.............	Albi.	**VII. — RÉGION DU SUD-OUEST.**	
II. — RÉGION DE L'OUEST.		L'Aveyron...........	Rodez.	*Plaines de la Garonne. Pyrénées.*	
(A) Bretagne et Vendée.		La Lozère...........	Mende.	La Charente.........	Angoulême.
Finistère	Quimper.	L'Ardèche...........	Privas.	La Charente-Inférieure	La Rochelle.
Côtes-du-Nord....	Saint-Brieuc.	**V. — RÉGION DE L'EST.**		La Gironde..........	Bordeaux.
Morbihan........	Vannes.	*(A) Plateau Lorrain. Vosges.*		Les Landes..........	Mont-de-Marsan.
...le-et-Vilaine.....	Rennes.	La Meuse...........	Bar-le-Duc.	Le Lot-et-Garonne....	Agen.
Loire-Inférieure..	Nantes.	La Meurthe-et-Moselle	Nancy.	Le Tarn-et-Garonne..	Montauban.
Vendée...........	La Roche-sur-Yon.	Les Vosges..........	Épinal.	Le Gers.............	Auch.
(B) Plaines de la basse Loire.		Le Territoire de Belfort	Belfort.	Les Basses-Pyrénées..	Pau.
Mayenne..........	Laval.	*(B) Jura. Vallée de la Saône.*		Les Hautes-Pyrénées..	Tarbes.
Sarthe............	Le Mans.	La Haute-Saône......	Vesoul.	La Haute-Garonne....	Toulouse.
		Le Doubs...........	Besançon.	L'Ariège............	Foix.

1. **Les sept régions.** — On peut diviser la ...ce en *sept régions naturelles*. Chaque région ...rend des pays qui présentent à peu près les ...es caractères comme *situation, climat, nature du sol, ...uctions.*

. Les départements ont été étudiés suivant cette division ; leurs limites conventionnelles ne correspondent pas ...urs aux limites des régions, d'ailleurs assez indécises. ...est de même des anciennes provinces (page 8) ; quelques ...des provinces se composent de territoires appartenant ...érentes régions (par exemple, le Languedoc).

3. Les régions présentent divers aspects :

...a **région du Nord**, au climat assez humide, comprend : ... **plaines du Nord**, pays plat très fertile (grandes cul-...de blé, de betterave ; — mines de houille, industrie très ...) : — 2° les **plaines parisiennes** (cultures, région in-...ielle dont le centre est Paris) ; — 3° les **plaines de ...mpagne** (en partie arides ; vins) ; — 4° la **Normandie** ...de plaines et de collines (très beaux pâturages, bestiaux ; ...strie).

..La **région de l'Ouest**, dont le climat est doux et hu-..., comprend : 1° la **Bretagne** (assez peu fertile ; pêche ...ime) ; — 2° les **plaines de la basse Loire** (bien ...ées).

III. La **région du Centre** comprend les plaines de la Loire moyenne (région agricole, fertile).

IV. La **région du Massif Central**, au climat rude et inégal, comprend les **hautes terres** du massif (pays peu fertile, sauf dans les plaines de la Loire et de l'Allier ; mines de houille autour de cette région montagneuse).

V. La **région de l'Est**, au climat très inégal, comprend : 1° le **plateau lorrain** et les **Vosges**, contrée accidentée (vignes, forêts, industrie) ; — [la riche **plaine d'Alsace**, perdue en 1870-71] ; — 2° le **Jura** et la **vallée de la Saône** (forêts, vignobles ; grande industrie à Lyon).

VI. La **région du Sud-Est** comprend : 1° les **Alpes** et la **vallée du Rhône moyen**, au climat variable (forêts ; pays fertile le long du Rhône) ; — 2° le **littoral méditerranéen**, au climat sec et chaud (pays agricole, vigne, olivier ; grande industrie à Marseille).

VII. La **région du Sud-Ouest**, dont le climat est chaud et assez humide, comprend la **plaine de la Garonne** (vins, céréales), bordée au Sud par les **Pyrénées**.

134. Les populations des diverses régions offrent aussi des caractères assez variés comme types, costumes, usages locaux, etc. Mais les moyens de communication et la centralisation administrative tendent à faire disparaître ces différences. (Voir le *Cours Moyen*, p. 32, 33 et le *Cours Supérieur*, p. 64 à 71 et p. 207).

...voirs. — *Complétez les phrases suivantes :*

...s *provinces* baignées par la mer du Nord et la Manche sont...
...s *provinces* baignées par l'océan Atlantique sont...
...s *provinces* riveraines de la Méditerranée sont...
...s *provinces* limitrophes de la Belgique sont... ; — de ...lemagne, sont... ; de la Suisse, sont... ; de l'Italie, sont... ; ...l'Espagne, sont...

5, 6, 7, 8. Pour les *départements*, mêmes questions que pour les *provinces* (N°ˢ 1 à 4).

9. Beauvais est le ch. l. de l'... ; Nancy, de... ; Saint-Lô, de... ; Nantes, de... ; Marseille, des... ; Angers, du... ; Blois, de...

10. Les départements traversés ou baignés par la Seine sont... ; — par la Loire, sont... ; — par la Garonne... ; — par le Rhône...

Cartes. 11. Tracez une carte des départements (Voir p. 33).

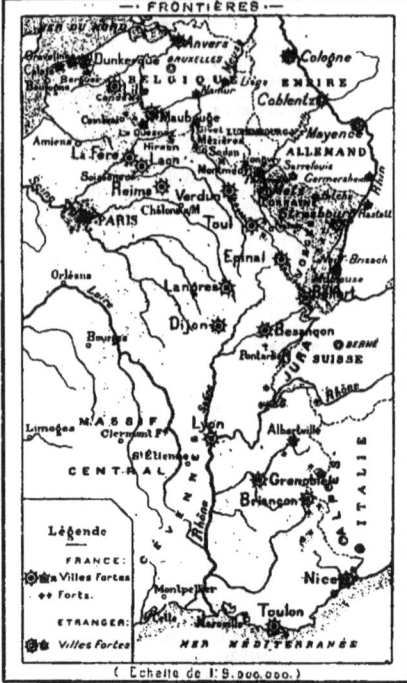

§ VII. — **Les grandes villes.**
(Carte, page 14.)

135. Quinze villes de France ont plus de 100.000 habitants ; ce sont : PARIS, MARSEILLE, LYON, Bordeaux, Lille, Toulouse, Saint-Étienne, Roubaix, Nantes, le Havre, Rouen, Reims, Nice, Nancy, Toulon.

Viennent ensuite : Amiens, Limoges, Brest, Angers, Nîmes, etc.

Fig. 29. — Paris.

Nous allons étudier les grandes villes par régions
136. Dans la région du Nord :

Paris (2.714.000 hab.), capitale de la France s'étend sur les deux rives de la Seine ; c'est une plus belles villes du monde et l'un des centres les actifs de l'industrie, du commerce, des sciences, beaux-arts. — Place forte.

Près de Paris : **Versailles**, — **Saint-Denis**, et **Lille** (211.000h), place forte grande ville industrielle : étoffes, machines, sucre, bière, etc.

Roubaix (142.000h), et **Tourcoing** (79.000h), dr **Valenciennes**, sur l'Escaut, houille ; — **Douai**. **Dunkerque**, grand port ; **Calais** (60.000h), Bo gne, **Dieppe**, ports de commerce et de pêche.

Amiens (91.000h), sur la Somme ; étoffes.

St-Quentin, sur la Somme ; ville industrielle.

Reims (108.000h), v. forte ; draps, vins de Champa **Troyes**, sur la Seine ; toiles, bonneterie.

Rouen (116.000h), sur la Seine ; port de comme Centre de l'industrie du coton ; indiennes.

Le Havre (130.000h), notre deuxième port de c merce, à l'embouchure de la Seine.

Caen, port sur le canal de l'Orne.

Cherbourg, grand port militaire sur la Manche

137. Dans la région de l'Ouest :

Brest (84.000h), grand port militaire.

Saint-Malo (avec *Saint-Servan*), ports sur la Ra **Lorient**, port de guerre, arsenal.

Rennes (75.000h), sur la Vilaine.

Nantes (133.000h), port sur la Loire ; sucre.

Saint-Nazaire, port à l'embouchure de la Loire.

Le Mans (63.000h), sur la Sarthe ; toiles.

Angers (82.000h), sur la Maine ; ardoises.

Poitiers, centre agricole.

138. Dans le Centre et le Massif Central :

Orléans (67.000h), ville célèbre, sur la Loire.

Blois, sur la Loire : château.

Tours (65.000h), sur la Loire ; imprimeries.

Bourges, **Nevers**, fonderies, fers.

Moulins, sur l'Allier ; — **Montluçon**, fers, etc.

Clermont-Ferrand, confiseries ; — *le Puy*, dente **Saint-Étienne** (147.000h), mines de houille ; briques d'acier, d'armes, de rubans, etc.

Roanne, sur la Loire ; tissus de coton, rubans.

Limoges (84.000h), sur la Vienne ; porcelaines.

Périgueux, truffes : — **Albi** ; — **Castres**.

138. Dans la région de l'Est :

[En Alsace-Lorraine : **Metz**, place forte sur la Mos — **Strasbourg**, place forte, **Colmar** et **Mulhou** sur l'Ill. (Voir n° 143).]

Devoirs. — *Complétez les phrases suivantes :*
1. Les villes de France qui ont plus de 100.000 h. sont...
2. Dans la région du Nord, les grandes villes industrielles sont... : les ports de commerce sont... ; le port de guerre est... les grandes villes fortifiées sont...
3. Dans la région de l'Ouest, les plus grandes villes sont... ; les ports sont... ; les ports de guerre sont...
4. Dans le Centre et le Massif Central, les plus grandes villes s
5. Dans l'Est les grandes villes sont... ; les places fortes sont.
6. Dans le Sud-Est, les grandes villes sont... ; les ports de merce sont .. ; le port de guerre est...
7. Dans le Sud-Ouest, les grandes villes sont... ; les ports de merce sont... ; le port de guerre est...
8. Les grandes villes de l'Alsace-Lorraine sont...

DÉFENSE DU TERRITOIRE. — ARMÉE, MARINE.

Fig. 30. — Lyon.

ney (103.000ʰ), près de la Meurthe; fers.
dun, sur la Moselle, et *Toul*, sur la Meuse, v. fortes.
nal, sur la Moselle et **Belfort**, places fortes.
ançon, sur le Doubs; place forte; horlogerie.
on (71.000ʰ), place forte; vins, céréales.
on et *Châlon*, sur la Saône; vins.
Creusot, immense usine métallurgique.
on (459.000ʰ), grande ville industrielle sur le
et la Saône. Soieries, métallurgie. — Place forte.

Dans la région du Sud-Est :

noble (69.000ʰ), ville forte, sur l'Isère; gants.
ambéry, en Savoie; — *Vienne* et *Valence* sur
ône.
e (105.000ʰ), port, station d'hiver.
mes, ville d'hiver (voir n° 102).
ulon (102.000ʰ), grand port militaire.
rseille (491.000ʰ), notre premier port de com-
grande industrie.
ignon et *Arles*, sur le Rhône; *Aix* en Provence.
is, mines de houille, fers.
nes (81.000ʰ), beaux monuments romains.
ntpellier (76.000ʰ), école de médecine, vins.
te, port ; - **Béziers, Carcassonne, Nar-**
e, vins, eaux-de-vie; **Perpignan**, place forte.
Corse, **Ajaccio**, et **Bastia**, ports.

Fig. 31. — Marseille.

141. Dans la région du Sud-Ouest :

Angoulême, sur la Charente, papeteries.
La Rochelle, port; — *Rochefort*, port militaire
sur la Charente.
Bordeaux (257.000ʰ), port sur la Garonne, vins.
Agen, toiles; — **Montauban**, soies.
Pau; — **Bayonne**, ville forte, port sur l'Adour.
Toulouse (150.000ʰ), sur la Garonne.

§ VIII. — **Défense du territoire.**

142. **Frontières de terre.** — A l'Est, les Alpes
et le Jura forment des *frontières naturelles*, faciles à
défendre. Au Sud, les Pyrénées nous isolent de l'Espagne. Mais, vers le Nord-Est la frontière est *artificielle :*
aucun obstacle ne nous sépare de la Belgique et de
l'Allemagne ; là sont nos principales villes fortes.

143. **L'Alsace-Lorraine.** — A la suite de la guerre
désastreuse de 1870-71, l'Allemagne nous a enlevé presque toute l'Alsace et une partie de la Lorraine.
(Population actuelle, 1.600.000ʰ.) Nous avons ainsi
perdu deux puissantes forteresses, Strasbourg et Metz.

144. **Armée.** — L'armée française se compose de
500.000 hommes, en temps de paix, et de 2 millions 1/2
d'hommes en cas de guerre (Voir n° 161).
Les troupes de terre comprennent l'*infanterie*, la *ca-
valerie*, l'*artillerie*, le *génie*, l'*intendance*, etc.

145. **Places fortes.** — Les principales sont : au
Nord, *Dunkerque*, **Lille**, **Maubeuge** ; — à l'Est, les groupes
Verdun-**Toul**, *Épinal*-**Belfort** ; — en arrière de cette ran-
gée, *La Fère-Laon*, *Reims*, *Langres*, *Dijon*, puis Besançon
et enfin **PARIS**.
La région des Alpes est défendue par les places
d'*Albertville*, **Briançon**, *Nice*; en arrière, par *Lyon* et
Toulon.
La frontière des Pyrénées est gardée par *Perpignan* et
Bayonne.

146. **Défense des côtes.** — Le littoral est défendu
par des *fortifications* et par la *flotte de guerre*.
Nos cinq ports militaires, fortifiés, sont : *Cherbourg*,
Brest, *Lorient, Rochefort,* Toulon. — Les places de
Calais, Dunkerque, Nice, protègent aussi le littoral.

147. **Marine de guerre.** — Notre flotte de
guerre comprend : 24 cuirassés, puissamment armés, 19
garde-côtes cuirassés, 46 *croiseurs*, 242 *torpilleurs*, des
sous-marins, des transports, etc.
Les officiers et les équipages de notre marine de guerre
forment un effectif d'environ 50.000 marins.
La marine militaire concourt à la défense et à l'attaque
des côtes, à la protection de la marine marchande, à la
surveillance des colonies (n° 164).

frontières naturelles de la France sont constituées à
: et au Sud par...
frontières artificielles se trouvent vers...: du côté de...
us avons perdu en 1870-71..
mée française est forte de .... h. en temps de pa
frontières artificielles sont défendues par...
frontières des Alpes et du Jura sont gardées par...
15. Les Pyrénées sont gardées par les places...
16. Notre port militaire de la Manche est...; ceux de l'Océan
sont..., celui de la Méditerranée est...
17. Notre flotte de guerre comprend principalement...
Cartes. — 18. Tracez une carte des frontières de la France.
19. Faites une carte de France en indiquant les plus grandes villes,
les principales places fortes, les cinq ports militaires.

AGRICULTURE, INDUSTRIE, COMMERCE.

FRANCE
I. Agriculture. — II. Industrie. — III. Chemins de fer.

§ VIII. — Agriculture, Industrie, Commerce.

148. Agriculture. — Le climat de la France est [favo]rable à des cultures très diverses.

Les CÉRÉALES (blé, avoine, etc.) sont cultivées pa[rtout] mais surtout dans le Nord et le Centre; — le maïs et r[iz] dans les plaines chaudes du Sud-Ouest; — la pomme d[e terre] est produite partout; — la betterave, pour la fabricati[on du] sucre, est surtout une grande culture du Nord; — le li[n, le] chanvre sont cultivés dans le Nord et l'Ouest; — le [colza,] l'œillette, sont des oléagineux du Nord; l'olivier se cultiv[e dans] le Sud-Est; — la vigne réussit au Sud d'une ligne alla[nt de] Nantes à Reims, surtout dans le Midi (Languedoc, Gir[onde),] les Charentes, la Bourgogne, la Champagne; — par[mi les] arbres fruitiers, citons le pommier (pour le cidre) en No[rman]die; l'oranger, sur le littoral méditerranéen; — on t[rouve] partout des prairies, etc.

Les forêts fournissent des bois de chauffage et de con[struc]tion; en montagne, elles régularisent la distributio[n des] eaux pluviales, et atténuent ainsi les inondations.

On élève partout des bestiaux (bœufs, chevaux, mo[utons,] porcs, volailles, etc.).

149. Industrie. — L'industrie comprend deux div[isions:]

1° **L'industrie minérale et métallurgique** a pour [but] l'extraction de la houille ou charbon de terre; l'exploi[tation] des carrières de pierre, marbre, plâtre, etc.; l'extractio[n et la] fonte des métaux : fer, cuivre, plomb, etc.

Les plus grands centres houillers se trouvent dans le [Nord:] Anzin, Valenciennes, etc. Les autres mines se répartisse[nt au]tour du Massif Central : le Creusot, Commentry, Saint-Ét[ienne,] Alais, Decazeville, etc. Il y a de grands ateliers mé[tallur]giques à Lille, — Paris; — Saint-Étienne, LE CRE[USOT,] Lyon, Bourges, Alais; — Nancy, etc.

2° **L'industrie manufacturière** a pour but la transform[ation] des matières premières fournies par l'agriculture ou pa[r l'in]dustrie métallurgique : filatures de coton, de chanvre, tissages des toiles, des draps, de la soie, papeteries; fabri[cation] du sucre, de la bière; construction des machines et des na[vires,] ameublements; articles de Paris; verreries; porcelaines. (Les centres industriels ont été indiqués, p. 16 et 17.)

150. Commerce. — La vente, l'achat et le tra[nsport] des marchandises constituent le commerce.

Le **commerce intérieur** est celui qui se fait dans le [pays] même.

Le **commerce extérieur** est celui qui se fait avec les [pays] étrangers; il comprend l'importation et l'exportation.

L'importation consiste dans l'achat de produits à l'étra[nger.]

L'exportation consiste dans la vente à l'étranger de pr[oduits] nationaux.

La France importe de la houille, du blé, des laines, [du co]ton, des vins, des oléagineux, des machines, etc.

Elle exporte des objets manufacturés, des tissus, des ar[ticles] de Paris, des sucres, des vins fins, etc.

Le commerce extérieur de la France s'élève à en[viron] **8 milliards 1/2** de francs par an, dont 4 milliards [pour] l'exportation et 4 milliards 1/2 pour l'importation.

151. Parmi les grandes nations industrielles et commerciales du m[onde,] la France occupe aujourd'hui le 4ᵐᵉ rang, après l'Angleterre, les [États-]Unis, l'Allemagne.

Fig. 32. — Port de commerce.

Fig. 33. — Usine métallurgique.

§ IX. — Moyens de communication.

2. Routes. — Il y a en France d'excellentes routes : grandes *routes nationales, routes départementales, ins vicinaux*, etc.

3. Chemins de fer. — La France possède 0 kilomètres de chemins de fer. Les principales s partent de Paris et se relient aux réseaux étran- Presque tous nos chemins de fer ont été construits *ir grandes Compagnies* et par l'*État*.

s lignes de premier ordre sont celles de *Paris-Ca- Paris-[Bruxelles]; — Paris-Nancy; Paris-Belfort; aris-Lyon-Marseille-Nice; — Paris-le Havre; Pa- rest; — Paris-Orléans-Bordeaux; — Bordeaux- ouse-Cette-Marseille.*

4. Fleuves, rivières, canaux. — Un d nombre de cours d'eau offrent des moyens de port, lents, mais peu coûteux, pour les marchan- lourdes et encombrantes: houille, pierres, blés, etc. ans certains cas on facilite la navigation par des *ir latéraux* longeant le fleuve ou la rivière. D'autres x, dits *canaux de jonction*, permettent aux bateaux sser d'un bassin dans un bassin voisin au moyen de mes appelés *écluses*. (Voir le *Cours Moyen*, p. 17 . rmi les canaux, citons : le *canal de Saint-Quentin canaux de Flandre*; — le *canal de la Marne au* — le *canal du Rhône au Rhin*, le *canal de l'Est*, *al de Bourgogne*, le *canal du Centre*; — le *canal* *ing*; — le *canal du Midi*, etc. (CARTE, p. 11).

5. La mer. — Plus de la moitié de notre com- e extérieur se fait par mer.

s grands ports de commerce sont, par ordre d'im- nce : **Marseille**, *le Havre, Dunkerque, Bordeaux*, u, Saint-Nazaire, Nantes, Cette, Bayonne, ogne, etc.

6. Postes et télégraphes. — La *poste* trans- les lettres, journaux, échantillons.

télégraphe transmet les dépêches, par les réseaux s télégraphiques et de *câbles sous-marins*.

téléphone transmet la voix à de grandes distances.

§ X. — Gouvernement, Administration.

157. Gouvernement. — Le gouvernement de la France est une RÉPUBLIQUE, basée sur le *Suffrage Universel*.

D'après la *Constitution*, le pouvoir exécutif est confié à un **Président**, assisté de plusieurs **Ministres**. Les lois sont votées par la **Chambre des Députés** et le **Sénat**; elles sont ensuite promulguées par le Président de la République.

Les grands services publics, centralisés à PARIS, sont placés sous la direction des divers ministres.

158. Administration civile. — L'unité administrative est le *département*, étudié pages 8, 13, 20.

159. Divisions judiciaires. — La justice est rendue par divers tribunaux, placés dans le ressort de 26 *Cours d'appel*.

160. Divisions académiques. — Pour l'instruction pu- blique, la France est divisée en 16 *Académies*.

161. Corps d'armée. — La France est divisée en 19 *Corps d'armée*. Un corps d'armée occupe l'Algérie (p. 27).

Le service militaire est obligatoire pour tous les Français valides, depuis l'âge de 20 ans jusqu'à 45 ans. La durée du *service actif* est de 1 à 3 ans.

162. Arrondissements maritimes. — Le littoral est réparti en 5 *Arrondissements*, ayant pour chef-lieu une *Pré- fecture maritime*.

Les équipages de notre flotte sont recrutés par *l'inscription maritime* parmi les pêcheurs et les marins du commerce. Ils peu- vent être appelés à servir à partir de l'âge de 18 ans jusqu'à 50 ans.

163. Cultes. Divisions ecclésiastiques. — Les trois cultes reconnus en France par l'État sont : le CATHOLICISME, le *protestantisme*, le *judaïsme*.

Il y a en France 81 *diocèses*, dont 17 *Archevêchés* et 67 *Évêchés*.

Les cultes protestants et le culte israélite sont adminis- trés par des *Consistoires*.

— *Les centres administratifs sont indiqués sur la carte*, p. 20. (Voir C. MOYEN, p. 43 et C. SUPÉRIEUR, p. 60, 207).

164. Colonies françaises. — La France pos- sède en Afrique, en Asie, en Amérique et dans l'Océanie, des territoires qu'on nomme *colonies*.

Nous indiquerons leur situation et leur importance dans l'étude de cinq parties du monde.

---

voirs. Compléter les phrases suivantes :
s principales productions agricoles de la France sont...
industrie minérale produit... Les grands centres houillers
l...; les produits de l'industrie manufacturière sont...
commerce extérieur comprend...
France importe...; elle exporte...
six grandes compagnies de chemins de fer sont... (carte).

6. Un canal latéral est...; un canal de jonction est...
7. Nos principaux canaux sont...
8. Nos grands ports de commerce sont... Le principal est...
9. Le gouvernement de la France est...
10. Les lois sont votées par... et...; le pouvoir exécutif est confié...
11. Le service militaire est...; la durée du service actif est...;
12. On appelle *Colonies françaises* divers t....

2*

FRANCE ADMINISTRATIVE

OBSERVATION. — Les gros traits en bistre figurent les directions des principales montagnes et collines. On a ainsi un résumé du relief, qui a été exprimé par des **teintes**, page 10, et par des **hachures**, page 12.

Devoirs. *Phrases à compléter:*
1. La ville où se trouve l'école est dans le dép. de... ch.-l..., s.-préf...
2. Elle dépend de la Cour d'appel de...
3. Elle appartient à l'Académie de...
4. Elle dépend du ...er Corps d'armée.... ch.-l...
5. Relever sur la carte, dans chaque région: les Cours d'appel; — Académies; — Ch.-l. de corps d'armée; — (s'il y a lieu, les Préfectures maritimes); — les Archevêchés.

Pour copier cette carte, tracez carreaux d'après les repères m qués sur les cadres et en m (Voir page 33).

DÉPARTEMENTS. — PRÉFECTURES ET SOUS-PRÉFECTURES.

TEMENTS.	CHEFS-LIEUX.	SOUS-PRÉFECTURES.	DÉPARTEMENTS.	CHEFS-LIEUX.	SOUS-PRÉFECTURES.
I. — Région du Nord			Puy-de-Dôme....	Clermont-Ferrand......	Riom, Thiers, Ambert, Issoire.
....	*Lille*.........	Dunkerque, Hazebrouck, Douai, Cambrai, Valenciennes, Avesnes.	Cantal............	*Aurillac*......	Mauriac, Murat, Saint-Flour.
			Haute-Loire....	*Le Puy*........	Brioude, Yssingeaux.
			Loire.............	*Saint-Étienne*..	Roanne, Montbrison.
-Calais....	*Arras*.........	St-Omer, Boulogne, Béthune, Montreuil, Saint-Pol.	Dordogne........	*Périgueux*.....	Nontron, Ribérac, Bergerac, Sarlat.
e........	*Amiens*........	Abbeville, Doullens, Péronne, Montdidier.	Lot..............	*Cahors*........	Gourdon, Figeac.
			Tarn.............	*Albi*...........	Gaillac, Lavaur, Castres.
....	*Laon*...........	Vervins, St-Quentin, Soissons, Château-Thierry.	Aveyron.........	*Rodez*.........	Espalion, Villefranche-de-Rouergue, Millau, Saint-Affrique.
....	*Beauvais*......	Compiègne, Clermont, Senlis.	Lozère..........	*Mende*.........	Marvejols, Florac.
et-Marne..	*Melun*.........	Meaux, Coulommiers, Provins, Fontainebleau.	Ardèche.........	*Privas*.........	Tournon, Largentière.
et-Oise....	*Versailles*.....	Pontoise, Mantes, Rambouillet, Corbeil, Étampes.	**V. — Région de l'Est**		
	PARIS.........		Meuse............	*Bar-le-Duc*....	Montmédy, Verdun, Commercy
t-Loir.....	*Chartres*......	Dreux, Nogent-le-Rotrou, Châteaudun.	Meurthe-et-Moselle	*Nancy*........	Briey, Toul, Lunéville.
nes........	*Mézières*......	Rocroi, Sedan, Rethel, Vouziers.	Vosges...........	*Épinal*.........	Neufchâteau, Mirecourt, Saint-Dié, Remiremont.
....	*Châlons-sur-M.*	Reims, Sainte-Menehould, Epernay, Vitry-le-François.	TERRIT. DE BELFORT	....	Belfort.
-Marne....	*Chaumont*.....	Wassy, Langres.	Haute-Saône....	*Vesoul*.........	Lure, Gray.
....	*Troyes*.........	Nogent-s.-Seine, Arcis-s.-Aube, Bar-s.-Aube, Bar-s.-Seine.	Doubs............	*Besançon*......	Montbéliard, Baume-les-Dames, Pontarlier.
....	*Auxerre*.......	Sens, Joigny, Tonnerre, Avallon.	Jura..............	*Lons-le-Saunier*	Dôle, Poligny, Saint-Claude.
			Côtes-d'Or......	*Dijon*..........	Châtillon-sur-Seine, Semur, Beaune.
Inférieure..	*Rouen*.........	Dieppe, Neufchâtel, Yvetot, Le Havre.	Saône-et-Loire..	*Mâcon*.........	Chalon-sur-Saône, Louhans, Autun, Charolles.
....	*Evreux*........	Pont-Audemer, Les Andelys, Louviers, Bernay.	Ain..............	*Bourg*..........	Trévoux, Nantua, Gex, Belley.
			Rhône............	*Lyon*...........	Villefranche-sur-Saône.
os........	*Caen*..........	Bayeux, Pont-l'Évêque, Lisieux, Falaise, Vire.	**VI. — Région du Sud-Est**		
....	*Alençon*.......	Argentan, Domfront, Mortagne.	Haute-Savoie....	*Annecy*........	Thonon, St-Julien, Bonneville.
e..........	*Saint-Lô*......	Cherbourg, Valognes, Coutances, Avranches, Mortain.	Savoie............	*Chambéry*.....	Albertville, Moutiers, Saint-Jean-de-Maurienne.
II. — Région de l'Ouest			Isère.............	*Grenoble*......	La Tour-du-Pin, Vienne, Saint-Marcellin.
re........	*Quimper*.......	Morlaix, Brest, Châteaulin, Quimperlé.	Drôme............	*Valence*.......	Die, Montélimar, Nyons.
du-Nord...	*Saint-Brieuc*..	Lannion, Guingamp, Dinan, Loudéac.	Hautes-Alpes....	*Gap*...........	Briançon, Embrun.
			Basses-Alpes....	*Digne*..........	Barcelonnette, Sisteron, Forcalquier, Castellane.
nan........	*Vannes*........	Pontivy, Ploërmel, Lorient.	Alpes-Maritimes.	*Nice*...........	Puget-Théniers, Grasse.
-Vilaine..	*Rennes*........	St-Malo, Fougères, Montfort, Vitré, Redon.	Var...............	*Draguignan*....	Brignoles, Toulon.
			Bouches-du-Rhône	*Marseille*......	Arles, Aix.
Inférieure..	*Nantes*........	Châteaubriant, Ancenis, Paimbœuf, Saint-Nazaire.	Vaucluse.........	*Avignon*.......	Orange, Carpentras, Apt.
e.........	*La Roche-s.-Yon*	Les Sables-d'Olonne, Fontenay-le-Comte.	Gard.............	*Nîmes*.........	Alais, Le Vigan, Uzès.
			Hérault..........	*Montpellier*...	Lodève, Saint-Pons, Béziers.
ne........	*Laval*.........	Mayenne, Château-Gontier.	Aude.............	*Carcassonne*...	Castelnaudary, Narbonne, Limoux.
....	*Le Mans*......	Mamers, St-Calais, La Flèche.	Pyrénées-Orient.	*Perpignan*.....	Prades, Céret.
et-Loire..	*Angers*........	Segré, Beaugé, Saumur, Cholet.	Corse.............	*Ajaccio*........	Bastia, Calvi, Corté, Sartène.
Sèvres.....	*Niort*..........	Bressuire, Parthenay, Melle.	**VII. — Région du Sud-Ouest**		
e..........	*Poitiers*.......	Loudun, Châtellerault, Montmorillon, Civray.	Charente.........	*Angoulême*....	Ruffec, Confolens, Cognac, Barbezieux.
III. — Région du Centre			Charente-Inférieure.	*La Rochelle*....	Rochefort, St-Jean-d'Angély, Marennes, Saintes, Jonzac.
....	*Orléans*.......	Pithiviers, Montargis, Gien.			
t-Cher.....	*Blois*..........	Vendôme, Romorantin.	Gironde..........	*Bordeaux*......	Lesparre, Blaye, Libourne, La Réole, Bazas.
et-Loire..	*Tours*..........	Chinon, Loches.			
....	*Châteauroux*..	Issoudun, Le Blanc, La Châtre.	Landes...........	*Mont-de-Marsan*	Saint-Sever, Dax.
....	*Bourges*.......	Sancerre, Saint-Amand.	Lot-et-Garonne..	*Agen*..........	Marmande, Villeneuve-s.-Lot, Nérac.
e.........	*Nevers*........	Cosne, Clamecy, Château-Chinon.	Tarn-et-Garonne.	*Montauban*....	Moissac, Castelsarrasin.
IV. — Région du Massif Central			Gers.............	*Auch*..........	Lectoure, Condom, Mirande, Lombez.
....	*Moulins*.......	Montluçon, Lapalisse, Gannat.	Basses-Pyrénées.	*Pau*...........	Bayonne, Orthez, Mauléon, Oloron.
....	*Guéret*........	Boussac, Bourganeuf, Aubusson.			
-Vienne...	*Limoges*.......	Bellac, Rochechouart, St-Yrieix.	Hautes-Pyrénées.	*Tarbes*........	Bagnères-de-Bigorre, Argelès.
ze........	*Tulle*..........	Ussel, Brive.	Haute-Garonne..	*Toulouse*......	Muret, Villefranche, St-Gaudens.
s chaque département, les sous-préfectures sont énumérées d au Sud.			Ariège...........	*Foix*...........	Pamiers, Saint-Girons.

LES CINQ PARTIES DU MONDE

I. — EUROPE.

Situation, bornes. — L'Europe est située [à l']hémisphère boréal. Elle est bornée : au Nord par [l']*Glacial arctique;* — à l'Ouest, par l'*Océan Atlan[tique];* — au Sud, par la *mer Méditerranée;* — à l'Est, [l']*ASIE*, dont elle est séparée par le *Caucase,* la *mer [noi]rne,* le *fleuve Oural* et les *monts Oural.*
[L'Eu]rope est la plus petite des cinq parties du monde. [Elle es]t 19 fois plus grande que la France.

Mers. — L'Océan Glacial forme la *mer Blanche.* [L'Océa]n Atlantique forme la *mer Baltique,* la *mer du [Nord,] le Pas de Calais,* la *Manche,* le *golfe de Gascogne.* [La m]er Méditerranée, réunie à l'Océan par le *détroit [de Gib]raltar,* forme le *golfe du Lion,* la *mer Adriatique,* [l'Archi]pel, la *mer de Marmara,* la *mer Noire.*
[La m]er Caspienne est un vaste lac d'eau salée.

Iles. — Citons, dans l'Atlantique : l'*Islande,* [les Iles] BRITANNIQUES (*Grande-Bretagne* et *Irlande*); [dans] la Méditerranée : la *Corse,* la *Sardaigne,* la *Sicile.*

Presqu'îles. — Les principales sont : au [N.-O.,] la péninsule **scandinave** (Suède et Norvège); [au S.-O.]: la péninsule **ibérique** (Espagne et Portugal); [la pénin]sule **italique** (Italie); — la péninsule **hellénique** [(Turqui]e et Grèce), prolongée par la *Morée;* — la *Crimée.*

Caps. — Citons : au Nord, le *cap Nord;* à [l'Ouest], le *cap Saint-Vincent;* au Sud, le *cap Matapan.*

Relief du sol. — Le Nord et l'Est de l'Eu[rope c]omprennent des *plaines immenses.* Le Sud est sur[tout m]ontagneux. — Les principales montagnes sont : [au] Nord, les *monts Scandinaves;* — au centre, les [Alpes] (Mont Blanc, 4810ᵐ), les *Karpates,* les *Balkans;* [au] Sud, les **Pyrénées;** les *Apennins;* — au S.-E. le [Cauca]se (Mont Elbrouz, 5.660ᵐ) qui se rattache [aux mo]ntagnes de l'Asie; — à l'Est, les *monts Oural.*

Volcans. — Citons le *Vésuve,* en Italie; [l'*Etna*], en Sicile; l'*Héckla,* en Islande.

Fleuves. — Les principaux fleuves sont : [la] *Petchora,* la *Dwina,* la *Néva,* la *Duna,* le *Nié[men,* la] *Vistule,* l'*Oder;* l'*Elbe,* le *Weser,* le *Rhin,* [la [Meus]e], la *Seine,* la *Loire,* la *Garonne,* le *Douro;* [tous c]es fleuves coulent vers l'Océan Glacial, l'Atlanti[que, ou] les mers qui en dépendent.
[l']*Ebre,* le *Rhône,* le *Tibre,* le *Pô,* le **Danube,** le [Dniest]r, le *Dniepr,* le *Don;* ces fleuves se jettent dans la [Méditer]ranée ou dans les mers qui en dépendent.

3° La **Volga** et l'*Oural* se jettent dans la Caspienne, isolée des autres mers.

173. **Lacs.** — Les grands lacs se trouvent en Russie (lacs Ladoga, *Onéga,* etc.), en Suède, en Suisse, en Italie.

174. **Climat.** — Le climat de l'Europe est en général tempéré. Il devient froid dans le Nord et dans l'Est.

175. **Productions.** — L'Europe est riche en *houille* et en *fer,* importantes productions minérales.
Les *cultures* y sont très étendues : céréales, vigne, pomme de terre, betterave, prairies, etc. — *Forêts.*
Les animaux sauvages ont presque disparu de l'Europe; on élève partout du *bétail.*

176. **États de l'Europe.** — On en compte 21 :
1° au Nord, la **Suède,** capitale *Stockholm* et la **Norvège,** cap. *Christiania;* — le **Danemark,** cap. *Copenhague.*
2° Au Nord-Ouest, les ILES BRITANNIQUES (ANGLETERRE, ÉCOSSE, IRLANDE), cap. LONDRES, sur la Tamise, la plus grande ville et le plus grand port du monde; villes principales : *Liverpool,* grand port; *Manchester, Birmingham, Leeds; Glasgow,* port; — la **Hollande,** cap. la Haye; v. pr. *Amsterdam,* port; — la **Belgique,** cap. *Bruxelles;* — le **Luxembourg**, cap. *Luxembourg.*
3° Au centre, la **FRANCE,** cap. PARIS; — l'**ALLEMAGNE,** cap. BERLIN, empire composé de plusieurs États : PRUSSE, BAVIÈRE, etc. v. princ. : *Munich; Leipzig; Hambourg,* port; — l'**AUTRICHE-HONGRIE,** capitales VIENNE et *Buda-Pesth,* v. sur le Danube; — la **Suisse,** cap. *Berne.*
4° Au Sud, l'**Espagne,** cap. *Madrid;* v. pr. *Barcelone,* port; — le **Portugal,** cap. *Lisbonne,* port sur le Tage; — l'**ITALIE,** cap. *Rome,* sur le Tibre, résidence du Pape; v. pr. *Milan; Naples,* port; — la **Grèce,** cap. *Athènes;* — la **Turquie,** cap. CONSTANTINOPLE, port sur le Bosphore (la Turquie fait partie de l'EMPIRE OTTOMAN, qui s'étend en Asie et en Afrique); — le **Monténégro,** cap. *Cettinyé;* — la **Bulgarie,** cap. *Sophia;* — la **Serbie,** cap. *Belgrade;* — la **Roumanie,** cap. *Bukarest.*
5° A l'Est, la **RUSSIE,** cap. SAINT-PÉTERSBOURG, port sur la Néva: v. pr. MOSCOU; *Varsovie; Odessa,* port. (Le vaste EMPIRE RUSSE s'étend aussi en Asie).

177. Il y a en Europe : 2 Républiques, la France et la Suisse; — 4 Empires, l'Allemagne, l'Autriche-Hongrie, la Turquie, la Russie; — 2 Principautés, le Monténégro et la Bulgarie; — 1 Grand-Duché, le Luxembourg; — les 12 autres États sont des Royaumes.

178. **Population.** — La population de l'Europe dépasse 387 millions d'habitants. Les Européens sont presque tous de *race blanche* (p. 32).

[Devoi]rs. — *Complétez les phrases suivantes :*
[1. L'Eu]rope est située dans... ; ses bornes sont... ; elle est baignée... Elle est... fois plus grande que la France.
[2. L'A]tlantique forme (mers, golfes)... ; la Méditerranée forme...
[3. Les g]randes îles de l'Europe sont... ; les presqu'îles... : les caps...
[4. Les m]ontagnes principales de l'Europe sont... ; les plus hau[tes...] Les deux plus hauts sommets sont.... et....

5. Les principaux fleuves sont... ; les deux plus grands sont...
6. Il y a de grands lacs en... Le climat de l'Europe est...
7. On trouve en Europe (productions naturelles)...
8. Londres est la capitale des... ; Rome, de...; St-Pétersbourg, de...
9. Les six plus puissants États sont : ..., capit...; —.etc.
10. Les grandes villes sont...; les grands ports sont...
11. **Carte.** — Tracez une carte d'Europe (simplifiez).

179. Les six grandes puissances, ou les six plus importants États de l'Europe, sont désignés ci-dessous :

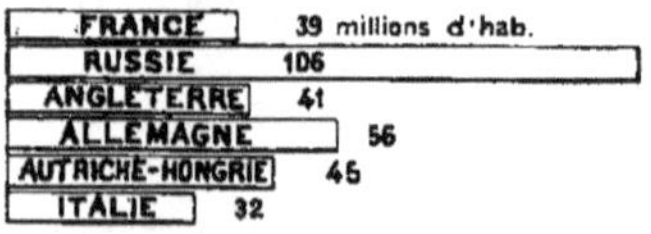

FRANCE	39 millions d'hab.
RUSSIE	106
ANGLETERRE	41
ALLEMAGNE	56
AUTRICHE-HONGRIE	45
ITALIE	32

Fig. 34. — EUROPE. — Populations comparées des six grandes puissances.

180. Parmi les grandes villes, sept dépassent un million d'habitants : Londres (4.589.000 hab.), Paris (2.714.000 hab.), Berlin (1.884.000 h.), Vienne, Saint-Pétersbourg, Constantinople, Moscou.

Les autres villes très importantes sont : Glasgow, Manchester, Hambourg, Varsovie, Liverpool, etc.

181. **Industrie, etc.** — L'industrie et le commerce sont extrêmement développés, surtout en Angleterre, Allemagne, France, Belgique. — Productions : fers, objets manufacturés, tissus, etc. (Voir n° 175)

182. Il y a en Europe de nombreux **chemins de fer** et des services de navigation (voir les *principales lignes* sur la carte).

Les grands ports sont : **Londres, Liverpool**, Newcastle, Cardiff, Hambourg, Anvers, Marseille, Gênes, etc.

[Les Anglais occupent les ports de *Gibraltar* et de *Malte*.]

II. — ASIE

183. **Bornes**. — L'Asie est située dans l'hémisphère boréal. Elle est bornée : au Nord, par l'*Océan Glacial* ; — à l'Est, par l'*Océan Pacifique* ; — au Sud, par l'*Océan Indien* ; — à l'Ouest, par la *mer Rouge* (n° 196) la *Méditerranée* et par l'EUROPE (n° 165).

L'Asie, la plus vaste des parties du monde, est 4 fois plus grande que l'Europe et environ 80 fois plus grande que la France.

184. **Mers**. — L'Océan Glacial est réuni par le *détroit de Behring* à l'Océan Pacifique, qui forme la *mer Jaune*, la *mer de Chine*, etc.

Le *détroit de Malacca* donne accès dans l'**Océan Indien**, qui forme le *golfe du Bengale* et la *mer d'Oman* (prolongée par le *golfe Persique*), puis la *mer Rouge*.

Le *canal de Suez* (n° 196) fait communiquer la mer Rouge avec la **Méditerranée**.

185. **Iles, etc.** — Remarquons, dans le Pacifique, l'archipel du **Japon** et l'île *Formose*; — dans l'Océan Indien, l'île de *Ceylan*.

Les grandes presqu'îles de l'Asie sont : l'**Indo-Chine** et *Malacca* ; — l'**Inde** ; — l'**Arabie** ; — l'*Asie Mineure*.

Parmi les caps, citons : au N.-E. le *cap Oriental* ; au S.-E. le *cap Romania* ; au S. le *cap Comorin*.

186. **Relief du sol**. — Au Nord de l'Asie s'étend l'immense plaine de SIBÉRIE, en partie glaciale.

Dans le centre s'élèvent de hauts-plateaux déserts : le Pamir, le TIBET que limitent les montagnes les plus élevées du globe : l'**Himalaya** (Gaorisankar, 8.840^m), les monts Karakoroum et les monts Kouen-Lun. Du Pamir rayonnent d'autres hautes chaînes : l'*Indou-Kouch* ; — les monts *Célestes*, puis l'*Altaï*, etc., qui enserrent l'affreux *désert de Gobi*.

A l'Est et au Sud s'étendent des plaines fer[tiles]. Les volcans de l'Asie sont situés près du Pacifiq[ue].

187. **Fleuves, lacs**. — L'*Obi*, l'*Iénisseï*, la presque toujours glacés, se jettent dans l'Océan Gl[acial].

Le fleuve *Amour*, le *Hoango-ho* (Fleuve Jaun[e]), Yang-Tsé (Fleuve Bleu), le *Mékong*, vont au Pacifi[que].

Le **Gange**, l'*Indus*, le *Tigre*, et l'*Euphrate* p[ortent] leurs eaux à l'Océan Indien.

Parmi les lacs, citons : le *lac d'Aral* ; le *lac Baïka[l]*.

188. **Climat**. — Le climat de l'Asie est gla[cial au] Nord et sur les plateaux, tempéré dans l'Est, chaud au [Sud].

189. **Productions**. — On trouve en Asi[e des] *métaux précieux*, du *fer*, de la *houille*.

On y cultive : le riz, le thé, le café, le sorgh[o, des] épices, le pavot à *opium*. — Forêts, bois précieux.

Parmi les animaux, citons : le buffle, le chev[al], chameau, l'éléphant ; le tigre, le rhinocéros, l'ou[rs,] divers singes ; — les crocodiles, les serpents, etc.

190. **États, contrées**. — 1° L'Empire [russe] comprend en Asie : la **Sibérie**, ville pr. *Irkouts[k]* ; Turkestan (ou *Asie centrale*), v. pr. *Tachkent, S[amar-] kand* ; — la **Caucasie**, v. pr. *Tiflis*. Les Russes occ[upent] la **Mandchourie**, v. pr. *Moukden* et *Port-Arthur*.

2° A l'Ouest se trouvent : la **Turquie d'Asie** qu[i fait] partie de l'Empire Ottoman ; v. pr. *Smyrne*, D[amas,] *Jérusalem* ; — la **Perse**, cap. *Téhéran* ; — l'**Arab[ie],** pr. *La Mecque* ; — l'**Afghanistan** ; — le **Béloutchis[tan].**

3° Au Sud, l'**Empire Indien**, aux Anglais, com[prend] l'**INDE** et la **Birmanie** ; la capitale est CALCUTTA, v. pr. *Madras* et *Bombay*, ports.

Dans l'Indo-Chine : le **Siam**, cap. *Bangkok* ; — l'[Indo-] **Chine française**, cap. *Hanoï* (n° 194).

4° A l'Est, l'**Empire Chinois**, cap. PÉKING, com[prend] la **CHINE**, la Mongolie, le Tibet, [et la Mandcho[urie]] v. pr. CANTON, TIEN-TSIN, Chang-Haï, ports, e[tc].

L'Empire du **Japon** a pour capitale TOKIO, v[. pr.] Ohosaka, Yokohama, port ; — la **Corée** a pour ca[p.] *Séoul*.

191. **Population**. — La population de l'As[ie est] de 840 millions d'hab. qui sont de *race jaune* (C[hinois,] Japonais, p. 32) dans l'Est, de *race blanche* dans l'[Ouest].

192. L'Empire Chinois a 400 millions d'h. ; — L'Empire [Indien,] 300 millions d'h. ; — Le Japon, 44 millions d'h. ; — les poss[essions] russes en Asie, 23 millions d'h.

Parmi les grandes villes de l'Asie, *huit* dépassent un [million] d'habitants : Canton, Tokio, Calcutta, Péking, Tien-Tsin, [et autres] autres villes de Chine. — Autres grandes v. : Ohosaka, B[ombay].

193. **Industrie**. — L'industrie est active dan[s l'Inde,] de, en Chine, au Japon : tissus, métaux, etc. (Voir n° [175]).

Voir les chemins de fer sur la carte (*Transsibérien*, e[tc.]). Les grands ports sont : Aden, Colombo, Calcutta, Sin[gapour,] Hong-Kong, occupés par les Anglais ; — Chang-Haï, Yoko[hama].

194. **Colonies françaises**. — La France [pos-] sède : dans l'Inde, cinq villes isolées, ch.-l. *Pondi[chéry]*. — l'**Indo-Chine française** (16 millions [d'h.)] qui comprend la COCHINCHINE, ch.-l. *Saïgon* ; le [CAM-] BODGE, cap. *Pnom-Penh* ; l'ANNAM, cap. *Hué* ; le To[nkin,] cap. *Hanoï*.

ASIE

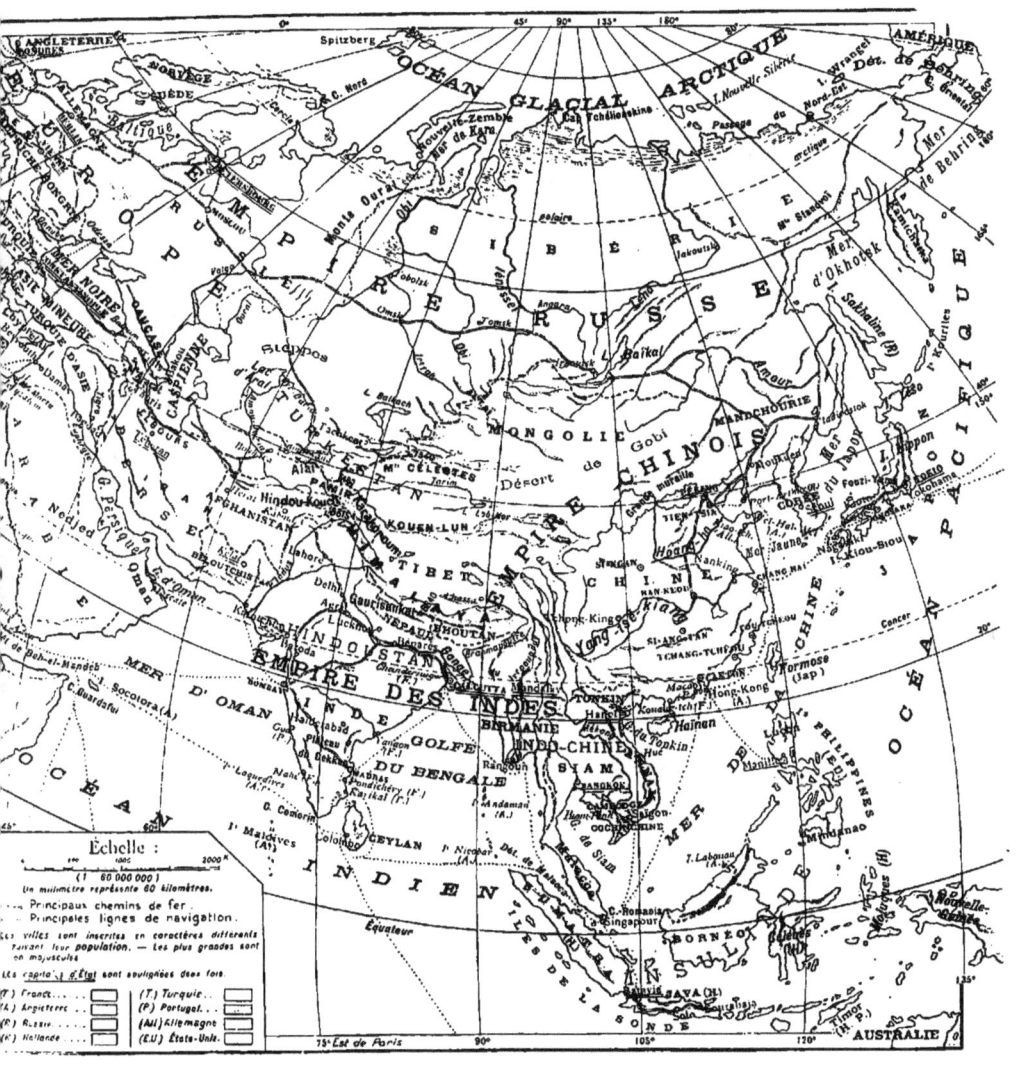

OBSERVATIONS. — Les cartes d'**Asie**, d'**Afrique**, d'**Amérique** et d'**Océanie** sont dressés à la même échelle. On devra savoir les comparer entre elles. On les comparera aussi avec les parties de l'**Europe**, à la même échelle, p. 25, 27, 29, et avec la France, qui est représentée sur chaque carte, à cette même échelle.

On a colorié en teintes plates les contrées qui composent la partie du monde représentée. — On a limité par des liserés les États ou colonies des parties du monde voisines.

Les couleurs indiquant les possessions des grandes puissances coloniales sont les mêmes dans les quatre cartes : **France**, violet; **Angleterre**, en rose; **Hollande**, en vert-bleu; — **Allemagne**, en orange.

Devoirs. — Complétez les phrases suivantes :
L'Asie est située dans l'hémisphère.... Ses bornes sont.... (détailler les bornes avec l'Europe, n° 165).
L'Asie est baignée par... océans; les autres mers sont...
Le détroit de Behring est formé entre... et...; celui de Malacca.
Les grandes îles sont...; les presqu'îles sont... les caps sont...
Le relief de l'Asie comprend, au Nord...; au centre et au Sud....
Il y a aussi des plaines dans l'... et le...

6. Les plus hautes montagnes du globe sont... qui s'élèvent à...
7. Les grands fleuves de l'Asie sont... — L'Asie produit...
8. Les quatre grands Empires qui s'étendent en Asie sont...
9. Pékin est la capitale de...; Tokio, la cap. du... (etc.).
10. D'après la carte, le chemin de fer *Transsibérien* passe à...; il aboutit à... et à... à travers la M...
11. Les possessions françaises en Asie sont...
12. **Carte.** — Tracez une carte d'Asie (simplifiez).

III. — AFRIQUE.

195. Bornes, mers. — L'Afrique, traversée par l'Équateur, a une forme générale triangulaire. Elle est bornée au Nord par la **mer Méditerranée** ; — à l'Est, par la *mer Rouge* (n° 196) et l'**Océan Indien** ; — à l'Ouest par l'**Océan Atlantique**, qui forme le vaste *golfe de Guinée*.

L'Afrique est 3 fois plus grande que l'Europe et presque 60 fois plus grande que la France.

196. Le **canal de Suez**, dû à un Français, *F. de Lesseps*, réunit la Méditerranée à la mer Rouge, depuis 1869. Sa longueur est de 120 kilomètres.

197. Iles, caps. — Remarquons dans l'Océan Indien la grande île de **Madagascar**. Parmi les caps, citons : à l'Est, le *cap Guardafui* ; — au Sud, le **cap de Bonne-Espérance** ; — à l'Ouest, le *cap Vert*.

198. Relief du sol. — Des chaînes de montagnes bordent les côtes : au Nord, l'*Atlas* ; — à l'Est, le *plateau d'Abyssinie*, puis les hauts sommets du *Kénia* et du **Kilimandjaro** (5.700 m.) ; — à l'Ouest, le mont *Cameroun*. — Dans le Sud se trouve le **Plateau Austral**. En outre, une chaîne centrale (*Tassili*, etc.) traverse le Sahara.

Les parties basses comprennent : au Nord, le grand désert de **SAHARA**, brûlant, aride, sablonneux ; — dans la région équatoriale, le **SOUDAN**, contrée humide, fertile ou couverte de forêts vierges.

199. Fleuves, lacs. — Le **Nil** vient des lacs *Albert* et *Victoria* ; il se jette dans la Méditerranée.

Dans l'Atlantique se jettent : le **Sénégal** ; — le **Niger** ; — le **Congo**, énorme fleuve alimenté par le lac *Tanganyika* et par de grands affluents, l'*Oubanghi*, le *Kassaï*, etc.

A l'Est, le **Zambèze** forme une superbe cataracte et reçoit les eaux du lac *Nyassa*.

200. Climat. — Le climat de l'Afrique est tempéré au Nord et au Sud, brûlant au centre.

201. Productions. — L'Afrique australe est riche en *or* et en *diamants*.

Les produits végétaux sont : le blé, le riz, les dattes, les bananes, les huiles, le coton, le caoutchouc, etc.

Les animaux caractéristiques sont : le chameau, la girafe, l'antilope, l'éléphant, l'hippopotame, le rhinocéros, le lion, la panthère, le gorille, l'autruche, etc.

202. États, colonies. — A peine explorée, l'Afrique a été presque entièrement partagée entre diverses puissances européennes.

ÉTATS INDÉPENDANTS. — Au Nord, le **Maroc**, cap. *Fez* ; — à l'Ouest, **Libéria**, république nègre ; — à l'Est l'**Abyssinie**. Au centre, l'**État indépendant du Congo** est gouverné par les Belges.

POSSESSIONS FRANÇAISES. — La France possède Afrique le domaine le plus étendu : au Nord l'Algé cap. *Alger* (n° 205) et la **Tunisie**, cap. *Tunis* ; pui oasis et territoires du SAHARA central ; — à l'O l'**Afrique Occidentale**, comprenant le SÉNÉGAL, *Saint-Louis*, v. pr. *Dakar*, port ; le SOUDAN FRAN v. pr. *Tombouctou* ; la GUINÉE, ch.-l. *Konakry* ; la C D'IVOIRE, ch.-l. *Bingerville* ; le DAHOMEY, cap. *Abo* le **Congo-Français**, ch.-l. *Libreville* et le HAUT-BANGHI ; — au centre, les *Territoires militaires et Pr torats du Tchad* ; — à l'Est, les territoires de *Djib*

Au S.-E., nous possédons : la grande île de **Mada** car, cap. *Tananarive*, v. pr. *Tamatave*, et les îles sines ; — l'île de la RÉUNION, ch.-l. *Saint-Denis*.

POSSESSIONS ANGLAISES. — Les principales sont l'Ouest, la GAMBIE ; SIERRA-LEONE ; l'ACHANTI **Nigéria** et divers territoires, v. pr. *Abéokouta*, Ya *Kouka* ; dans l'Atlantique, l'île *Sainte-Hélène*, I au Sud, le **Cap**, le NATAL, la RHODÉSIA, l'ORANG TRANSVAAL, etc. v. pr. *Le Cap*, *Port-Natal*, *Joan bourg* ; — à l'Est, l'AFRIQUE ORIENTALE ANGLAISE s'étend vers l'Égypte ; — au S.-E., l'*île Maurice*, etc

POSSESSIONS TURQUES. — La Turquie a sous sa s raineté : la TRIPOLITAINE ; — l'**Égypte**, cap. *le C* v. pr. *Alexandrie*, *Port-Saïd*, *Suez*, riche contrée, occ par les Anglais.

AUTRES COLONIES. — L'Allemagne, le Portu l'Espagne, l'Italie, ont aussi divers territoires et des

203. Population. — On évalue la populatio l'Afrique à 180 millions d'habitants. Les *races blan* dominent dans le Nord ; les *races noires* occuper centre et le Sud (voir p. 32).

Une seule grande ville d'Afrique, le Caire, dépasse 500.0

204. Industrie, etc. — La civilisation s'é surtout dans l'Afrique du Nord et du Sud (voir n° 2

Voir sur la carte les **chemins de fer** (Algérie, Égypte, le Les grands ports sont : Alger, Alexandrie, Port-Saïd, Zanzibar, le Cap, Dakar.

L'ALGÉRIE ET LA TUNISIE

205. L'**ALGÉRIE** (4.739.000 h. dont 580.000 E péens) forme comme un prolongement de la France. territoire comprend une bande fertile, le *Tell*, le long côte ; puis on trouve une région de pâturages, les *Plateaux*, enserrés par les chaînes de l'*Atlas* ; enfin au commence le *désert de Sahara*, où s'échelonnent des o

On exploite en Algérie du fer, des phosphates, e on y cultive le blé, la vigne, l'oranger, l'olivier.

206. La TUNISIE (2 millions d'h. dont 100.000 E péens) fait suite à l'Algérie vers l'Est.

Devoirs. — *Complétez les phrases suivantes :*
1. L'Équateur traverse ... ; les bornes de l'Afrique sont.....
2. Le canal de Suez, réunit ... à ... ; il a ... de longueur.
3. Le détroit de Gibraltar se creuse entre ... et ...
4. Le canal de Mozambique est un détroit qui sépare M ... de l'...
5. Les plus hautes montagnes se trouvent à ... ; le Sahara est ...
6. Le Soudan est ... — Les grands fleuves d'Afrique sont : ...
7. Le climat de l'Afrique est ... ; l'Afrique produit ...
8. Les contrées de l'Afrique au N. de l'Équateur sont : le indépendant ; — l'A... à la France ; la T... etc. (carte et n°
9. Les contrées traversées par l'Équateur sont : le C..... etc
10. Les contrées au S. de l'Équateur sont : l'A... au P...
11. Les possessions de la France en Afrique sont ...
12. **Carte.** — Tracez une carte d'Afrique (simplifiez)...

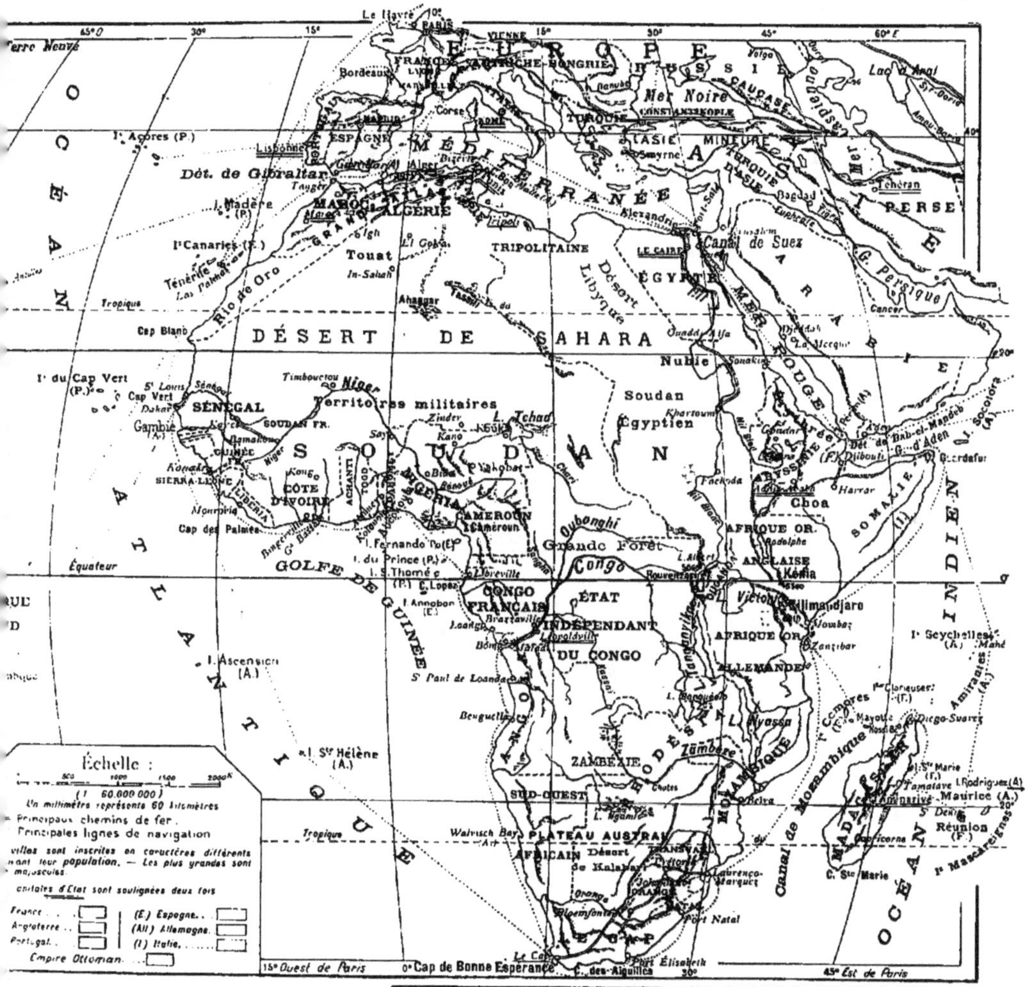

AFRIQUE.

ALGÉRIE

L'Algérie est administrée par un *Gouverneur Général*, résidant à Alger. Elle est divisée en 3 départements, assimilés en partie aux départements français :

Dép. D'ALGER, ch.-l. **Alger** (97,000 hab.), port. — S.-préfectures : *Tizi-Ouzou, Médéa ; Miliana ; Aumale*. — Autre v. *Blida*. — Oasis : *Laghouat, Ouargla*, et dans l'extrême Sud, *El Goléa, Insalah* etc.

Dép. D'ORAN, ch.-l. **Oran** (85,000 h.) port ; — S.-préf. : *Mostaganem*, port ; *Mascara ; Sidi-bel-Abbès, Tlemcen*. — Autres v. *Arzeu*, port ; *Saïda, Méchéria*.

Dép. DE CONSTANTINE, ch.-l. **Constantine** (52,000 h.). — S.-préf. : *Bône*, port ; *Philippeville*, port ; *Bougie*, port ; *Guelma ; Sétif ; Batna*. — Oasis : *Biskra, Touggourt*.

TUNISIE
(PROTECTORAT FRANÇAIS)

Capitale **Tunis** (170,000 h.). Résidence du Bey. Autres v. *Bizerte*, port militaire ; *Sousse, Sfax*, ports ; *Kairouan ; Gabès*.

ALGÉRIE ET TUNISIE
Comparer cette carte avec les petites cartes de France, p. 18, qui sont à la même échelle.

IV. — AMÉRIQUE.

207. Bornes. — L'Amérique, découverte en 1492 par **Christophe Colomb**, s'étend dans les deux hémisphères, entre l'*Océan Atlantique* à l'Est et l'*Océan Pacifique* à l'Ouest; elle est bornée au Nord par l'*Océan Glacial*. Elle comprend l'**Amérique du Nord** et l'*Amérique Centrale*, que l'*Isthme de Panama* relie à l'**Amérique du Sud**.

Un peu moins vaste que l'Asie, l'Amérique est environ 4 fois plus grande que l'Europe et 80 fois plus grande que la France.

208. Le **Canal de Panama**, entrepris à travers l'isthme (75 kilom.), n'est pas encore achevé.

209. Mers. — L'Océan Glacial forme la *baie d'Hudson*; le *détroit de Davis* à l'E.; le *détroit de Behring* à l'O.

L'Océan Atlantique forme le *golfe du Mexique* et la *mer des Antilles*.

L'Océan Pacifique forme le *golfe de Californie*.

Au Sud est le *détroit de Magellan*.

210. Iles, etc. — Au Nord, se trouvent des îles glacées, telles que le **Groenland**, et la presqu'île du *Labrador*.

Dans l'Atlantique se trouvent : l'île de **Terre-Neuve**; — la presqu'île de *Floride*; — les GRANDES ANTILLES (**Cuba**, *Haïti*, etc.); — les *Petites Antilles* (*Martinique*, *Guadeloupe*, etc.); — au Sud, la *Terre de Feu*.

Dans le Pacifique, s'avance la presqu'île de *Californie*.

Parmi les caps, citons : le *cap Saint-Roch*, à l'Est; le **cap Horn**, au Sud.

211. Relief du sol. — L'Amérique est traversée du Nord au Sud par de longues chaînes de montagnes, plus rapprochées du Pacifique que de l'Atlantique et caractérisées par de nombreux volcans. Ce sont, au Nord, dans l'Alaska, le *Mont St-Élie* (5.900^m); ensuite, les rangées des **Montagnes Rocheuses** et la *Sierra Nevada*.

Dans le Sud, les chaînes se relèvent et prennent le nom de **Cordillères des Andes**; là se dressent le *Cotopaxi*, le *Chimborazo*, le *Sorata*, l'*Aconcagua* (6.970^m), etc.

212. Fleuves et lacs. — L'Océan Glacial reçoit le *Mackenzie*, longtemps glacé, déversoir de divers lacs.

Les plus grands fleuves se jettent dans l'Atlantique : au Nord, le *Fleuve Saint-Laurent*, qui reçoit les eaux des lacs **Supérieur**, *Michigan*, *Huron*, *Erié* et *Ontario*; (entre ces deux se trouve la chute du *Niagara*); — le **Mississipi** qui reçoit le *Missouri*, l'*Ohio*, l'*Arkansas*.

Dans l'Amérique du Sud : l'*Orénoque*; — l'**AMAZONE**, le plus grand fleuve du monde, qui traverse des forêts vierges et reçoit le *Rio Negro*, le *Madeira*, etc.; — le **Rio de la Plata** formé du *Parana* et de l'*Uruguay*.

Au Nord, le Pacifique reçoit l'*Orégon* et le *Colorado*.

213. Climat. — Le climat de l'Amérique est g[lacial] dans le Nord, tempéré aux États-Unis, torride d[ans] l'Amérique centrale et méridionale, froid dans le S[ud].

214. Productions. — L'Amérique est très ri[che] en produits minéraux : fer, or, argent, houille, pét[role] etc. On y récolte le blé, le maïs, le café, le coton, caoutchouc, etc.

Il y a du bétail en immenses troupeaux.

Les animaux caractéristiques sont : le bison, le [ta]pir, le jaguar, le lama, la vigogne, les singes, etc.

215. États. — Au Nord, la **Puissance du Can**[ada,] ancienne colonie française, devenue anglaise, cap. *Otta*[wa,] v. pr. *Québec*, *Montréal*; — les **ÉTATS-UNIS**, puiss[ante] république, cap. *Washington*; v. principales : NEW-YO[RK,] la 2e ville et le 2e port du monde; PHILADELP[HIE,] CHICAGO, *Boston*, *Baltimore*, *Saint-Louis*, la *Nouve*[lle-]*Orléans*, *San-Francisco*; — le **Mexique**, cap. *Mexico*.

L'Amérique Centrale se partage en 6 petites répu[bli]ques; — les Antilles comprennent : **Cuba**, cap. *Havane*; — *Porto-Rico*, aux États-Unis; — la *Jamaï*[que] à l'Angleterre; — **Haïti**, divisé en deux républiq[ues]; — les petites Antilles sont des colonies européenne[s].

Dans l'Amérique du Sud; la **Colombie**, cap. *Bogo*[ta]; — le **Vénézuela**, cap. *Caracas*; — les **Guyanes** (angl[aise,] hollandaise, française); — le **BRÉSIL**, cap. *Rio-de-[Ja]neiro*; — l'**Uruguay**, cap. *Montevideo*; — la **Républi**[que] **Argentine**, cap. *Buenos-Ayres*; — le **Paraguay**, l'*Assomption*; — la **Bolivie**, cap. *Sucre*; — le **Chili**, *Santiago*, v. pr. *Valparaiso*; — le **Pérou**, cap. *Lima*; l'**Équateur**, cap. *Quito*.

(Sauf les colonies, tous ces États sont des Républiques.)

216. Population. — Continent américain, [...] millions d'habitants. — Les habitants de l'Améri[que] sont en grande partie d'origine européenne : *Angl*[ais,] *Allemands*, dans le Nord; *Espagnols*, *Portugais*, da[ns le] Sud. Il y a aussi beaucoup de **nègres**. L'ancienne [popu]lation de *race rouge* (*Indiens*, p. 32), diminue chaque j[our].

217. Les États-Unis ont 77 millions 1/2 d'hab.; — Brésil 14 [...]. Trois grandes villes d'Amérique dépassent un mil[lion] d'habitants : New-York (3.400.000^h), Philadelphie, Chic[ago]; — Buenos-Ayres et Rio-de-Janeiro ont 800.000 h.

218. Industrie. — L'industrie est très florissa[nte] aux États-Unis surtout. Commerce actif. Productio[ns :] machines, objets manufacturés, sucres, etc. (Voir n° 2[...])

Voir sur la carte les chemins de fer transcontinentaux [du] Canada aux États-Unis, etc. et les lignes de navigation.

Les grands ports sont : Québec, Halifax, Boston, New-Y[ork,] Philadelphie, N^{lle}-Orléans, Rio-de-Janeiro, Buenos-Ayres; San Francisco, Panama, Valparaiso.

219. Colonies françaises. — Citons : l'île [St-Pierre], près de Terre-Neuve; — la *Guadeloupe*, la *Martinique* (Antilles); — la *Guyane*, ch.-l. *Cayen*[ne].

Devoirs. — *Complétez les phrases suivantes* :
1. Le continent américain comprend l'A... du... l'A... C...; l'A... du...; l'Equateur traverse l'... du...
2. L'isthme de Panama relie... à...; les Antilles comprennent...
3. Le cap... se trouve au S. de l'A...; le dét. de Magellan sépare...
4. Les Montagnes Rocheuses sont situées dans... les Andes, dans...
5. Les plus grands fleuves de l'Am. du N. sont...; de l'Am. du S...
6. Le climat de l'Amérique est...; l'Amérique produit...
7. Les États de l'Amérique du Nord sont... (citer les capital[es])
8. L'Amérique centrale comprend...
9. Les États de l'Amérique du Sud sont... (capitales).
10. Les colonies françaises en Amérique sont...
11. L'Angleterre possède en Amérique...
12. La plus grande ville d'Amérique est..., dans les...
13. Les chemins de fer traversant l'Amérique vont : 1° de... à...; 2°
14. **Carte.** — Tracez une carte d'Amérique (simplifiez).

AMÉRIQUE.

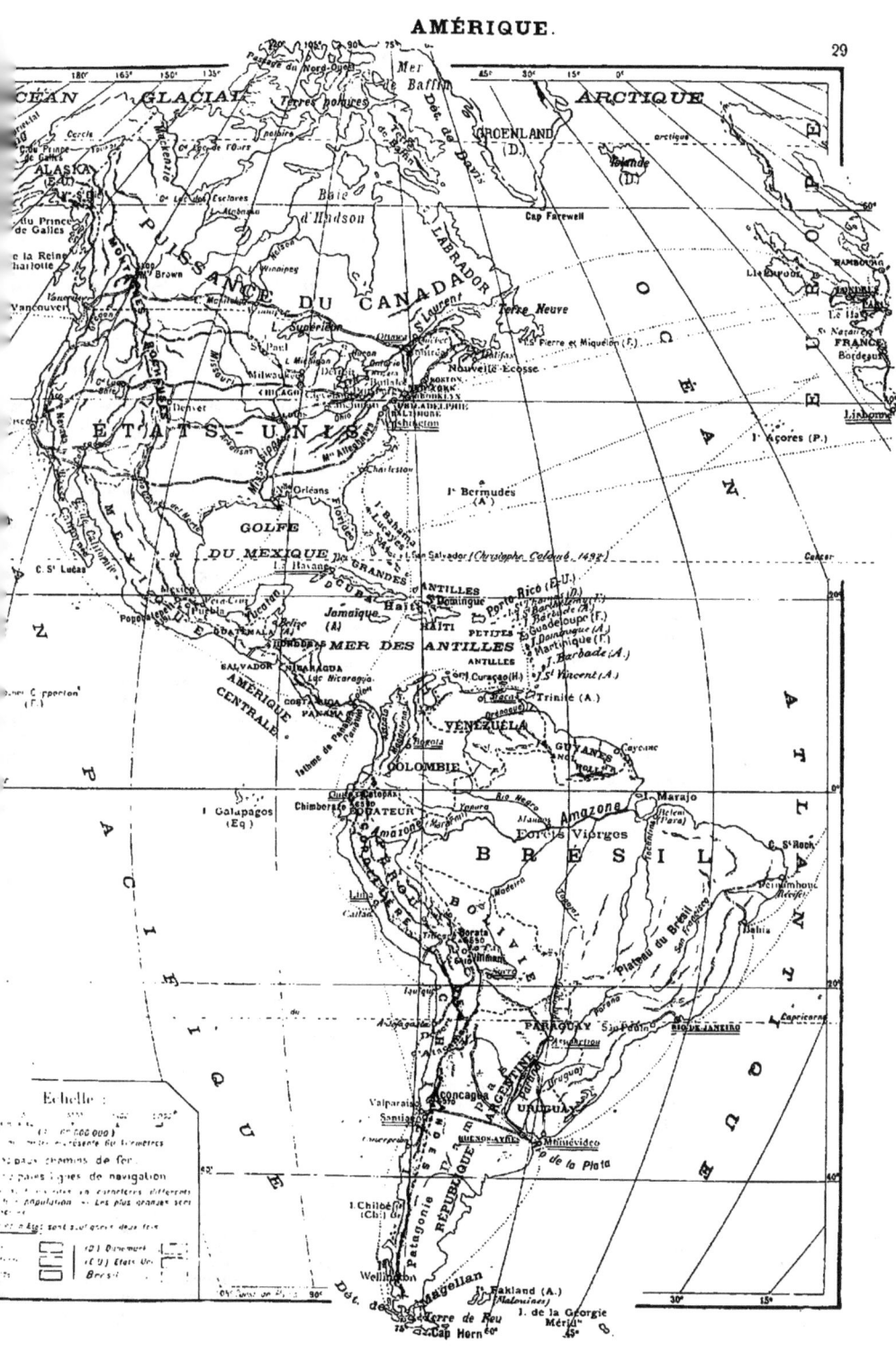

V. — OCÉANIE.

221. Divisions. — L'Océanie comprend l'Australie et les îles éparses dans l'Océan Pacifique.

A l'Ouest, du côté de l'Océan Indien, se trouvent les *grandes îles*; vers l'Est, sont disséminées les *petites îles*.

On divise ordinairement l'Océanie en trois groupes : la *Malaisie*, la *Mélanésie*, la *Polynésie*.

Les terres océaniennes ont une superficie totale un peu plus grande que celle de l'Europe, soit environ 20 fois celle de la France. — Population totale de l'Océanie : 50 millions d'habitants.

222. MALAISIE. — Entre l'Asie et l'Australie sont plusieurs grandes îles : les ILES DE LA SONDE qui comprennent **Sumatra** et **Java**, séparées par le *détroit de la Sonde*, îles volcaniques, très fertiles ; — l'île de **Bornéo** ; — l'île **Célèbes**, les *Moluques, Timor*. Ces îles constituent l'INSULINDE ; elles sont presque entièrement au pouvoir de la Hollande ; capitale *Batavia*, port, dans Java.

Les îles **Philippines**, cap. *Manille*, port dans l'île *Luçon*, sont devenues la colonie des États-Unis.

Ces archipels produisent la canne à sucre, le café, le riz, etc. On y trouve des animaux asiatiques. Les indigènes sont des *Malais* (35 millions d'h.) ; il y a peu d'Européens.

223. MÉLANÉSIE. — L'**AUSTRALIE** est 15 fois plus vaste que la France; mais elle est en grande partie désertique ; elle est montagneuse à l'Est.

On y trouve de l'or, de la houille. Les pâturages nourrissent beaucoup de moutons. Les animaux originaires du continent australien sont très étranges : ornythorinque, kangouroo, casoar, etc.

L'Australie est une colonie anglaise, qui forme, avec la **Tasmanie**, une confédération de six États. — V. pr. : *Melbourne* et *Sidney*, ports. — Population 4 millions d'h.

224. Au Nord, la **Nouvelle-Guinée** est une île très vaste, malsaine et peu habitée. — Citons encore : les *Nouvelles-Hébrides*; — la **Nouvelle-Calédonie**, ch.-l. *Nouméa*, à la France (n° 228) ; — les îles *Fidji*, à l'Angleterre.

225. POLYNÉSIE. — Les îles polynésiennes sont, soit volcaniques et élevées, soit formées par des coraux (îles basses). Elles sont en général très salubres.

La **Nouvelle-Zélande**, volcanique, au climat tempéré, fertile, comprend deux îles voisines. C'est une colonie anglaise indépendante, cap. *Wellington*.

L'Angleterre occupe aussi les îles *Tonga*.

226. L'archipel de **Tahiti** (ou *îles de la Société*), les *Toubouaï*, les *îles Gambier*, les *Touamotou*, les *îles Marquises*, etc., sont des colonies françaises (n° 228). — Les *îles Carolines* et les *Marianties* sont à l'Allemagne.

227. Les **îles Sandwich** (ou Hawaï), volcaniq[ues] été annexées aux États-Unis; cap. *Honolulu*, po[rt].

228. Partage politique. — On voit que l'Océ[anie] entière est placée sous la domination de divers États, européenne.

L'Angleterre a la part la plus étendue avec l' « Aust[ralasie] » qui comprend l'Australie, la Tasmanie, Fidji et la N[ouvelle-] Zélande.

La Hollande a ses magnifiques possessions de l'Insu[linde,] partie la plus peuplée de l'Océanie.

La France a la *Nouvelle-Calédonie* et le groupe de T[ahiti].

L'Allemagne a les *Carolines*, les *Mariannes*, une par[tie de la] *Nouvelle-Guinée*, etc.

Les États-Unis ont les *Philippines* et les *Sandwich* ; [ils cher-] chent à dominer dans tout le Pacifique.

DÉCOUVERTES GÉOGRAPHIQUES.

229. Monde connu des anciens. — Da[ns l'an-] tiquité, les contrées riveraines de la Méditerranée [étaient] seules bien connues.

230. Moyen Age. — Vers l'an 1000, les Scan[dinaves] découvrirent l'Islande, le Groenland, et arrivèren[t] jusqu'au Labrador. Les *Arabes* pénétrèrent en [Asie] centrale. Le Vénitien **Marco-Polo** traversa entiè[rement] l'Asie (1265-91).

231. Époque des grandes découvertes. — [En] 1492, le Génois **Christophe Colomb**, au ser[vice de] l'Espagne, découvrit l'Amérique (Antilles), en [voulant] aller aux Indes par l'Ouest. — De nombreux navi[gateurs] se dirigèrent vers ces contrées merveilleuses; [le plus] connu est *Améric Vespuce*; on donna son nom au N[ouveau] Monde. L'Espagnol **Balboa** découvrit le Pacifiqu[e].

Le Portugais **Vasco de Gama** doubla le cap de [Bonne-] Espérance et trouva la route de l'Inde par mer (14[97]).

En 1519, le Portugais **Magellan** entreprit, avec [des na-] vires espagnols, *le premier voyage autour du mon*[de].

232. Temps modernes. — Vers le dix-se[ptième] siècle, les Hollandais, les Anglais, les Français, s[uppor-] tèrent les marins espagnols et portugais. La déc[ouverte] et la colonisation de l'AMÉRIQUE fut poussée active[ment].

Le dix-huitième siècle fut marqué par les gran[des ex-] péditions scientifiques (en Laponie, au [Pérou,] en Égypte) et par les prodigieux voyages de l'[Anglais] **Cook** à travers le Pacifique, de l'Océan polaire a[rctique] aux glaces australes.

233. Période contemporaine. — Au XIX[e siècle] se complète presque la connaissance du globe.

Le Français *Caillé*, l'Allemand *Barth*, l'É[cossais] **Livingstone**, l'Anglo-Américain **Stanley**, l'Anglais *Ca*[meron] et *un grand nombre d'autres explorateurs* font con[naître] l'intérieur de l'AFRIQUE.

L'Asie est explorée par des Russes, des Alleman[ds...] Dans les régions polaires du Nord ont lieu les ex[pédi-] tions de l'Anglais *Nares*, du Suédois *Nordenskio*[ld, du] Norvégien **Nansen**, etc. — La région antarctiqu[e est] explorée par l'Anglais *James Ross*, etc.

Devoirs. — *Complétez les phrases suivantes :*
1. L'Océanie comprend ... ; elle se divise en ...
2. La Malaisie comprend principalement : ..., à la ... ; les..., aux .... — Java, à la ..., est l'île la plus peuplée de l'I...
3. La Mélanésie comprend .... L'Australie est une colonie ... ; elle est située dans l'hémisphère ...
4. L'Australie produit ... ; les grandes villes sont ...
5. L' « Australasie » comprend ..., possessions de l' ...
6. La Polynésie comprend principalement...
7. Les colonies françaises en Océanie sont ; ...
8. Les États-Unis possèdent, dans le Pacifique : ...
9. **Carte.** — Tracez une carte d'Océanie (simplifiée).
10. L'ère des grandes découvertes géographiques commenc[e...]
11. Les plus illustres explorateurs sont (depuis le 18° si[ècle]...)

OCÉANIE.

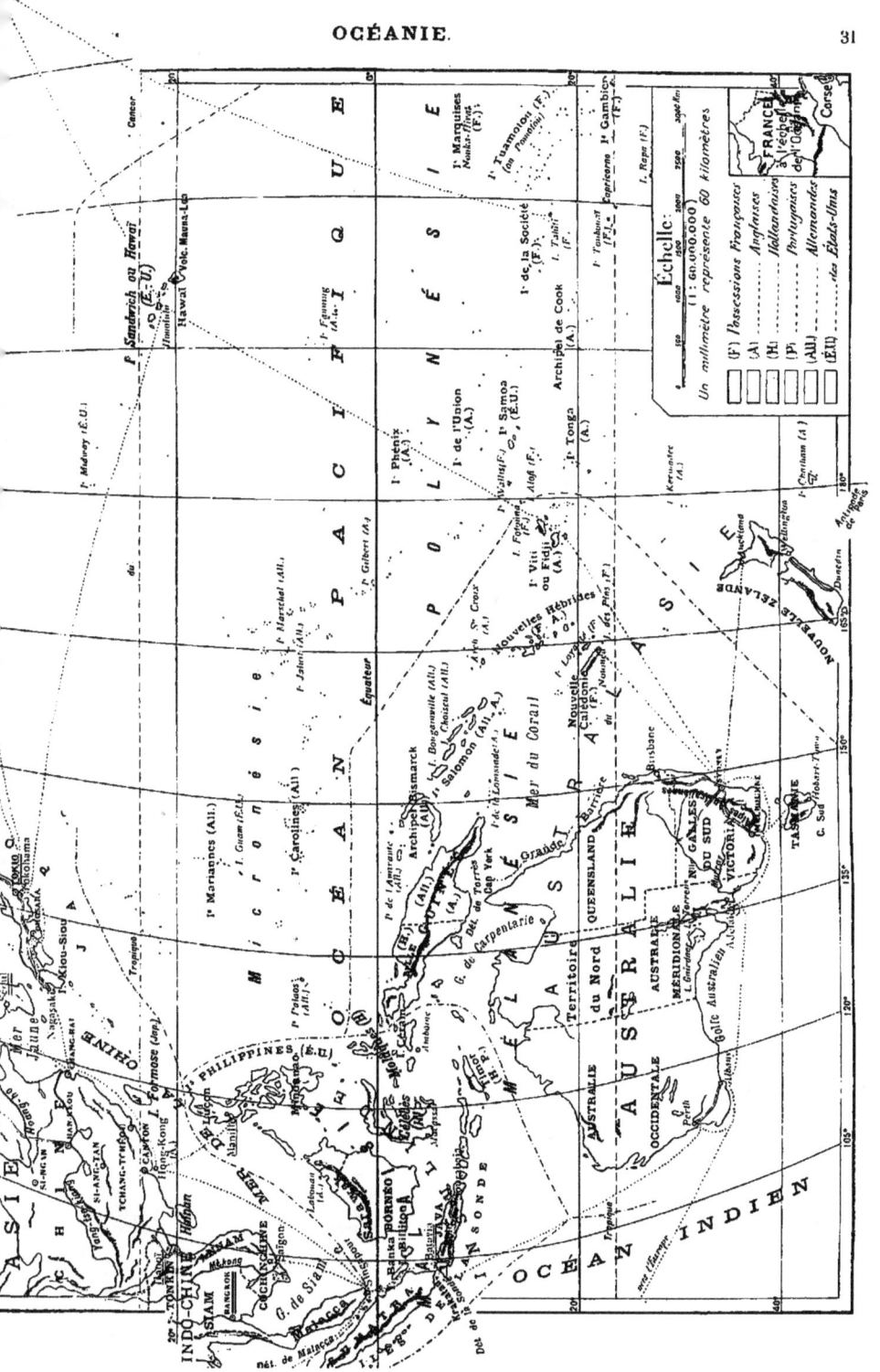

RÉSUMÉS ET COMPLÉMENTS

§ I. — La Surface terrestre.

234. Grandes montagnes. — Les principales régions montagneuses du globe sont : en Asie, l'**Himalaya** (8.840ᵐ), dominant le plateau du Tibet; les plateaux de *Mongolie*, du *Pamir*, de l'*Iran* (Perse); le *Caucase* : — en Europe, les *Alpes*; — en Afrique, le *Plateau Austral* et ses annexes; — en Amérique, les *Montagnes Rocheuses* et les *Andes*; — en Océanie, les volcans des îles Hawaï.

235. Grandes plaines. — Les plus vastes sont : la *plaine septentrionale* d'Europe et d'Asie; — la *plaine du Mississippi* et la *plaine de l'Amazone*, en Amérique.
Les déserts du *Sahara* (Afrique), de *Gobi* (Asie), de l'*Australie* (Océanie) sont des régions peu élevées.

236. Grandes îles. — Les plus étendues sont : la *Nouvelle-Guinée*; — *Bornéo*; — *Madagascar*.

237. Profondeurs océaniques. — Le plus vaste des abîmes sous-marins se trouve dans le Pacifique Nord, entre l'Amérique et le Japon ; il a plus de 6000 mètres de profondeur moyenne, et atteint jusqu'à 8.512ᵐ. Un autre gouffre, près de la Nouvelle Zélande, a 9.416ᵐ; *c'est la plus grande profondeur connue.*
Dans l'Atlantique, il y a 8.400ᵐ de profondeur (Antilles).

238. Principaux fleuves. — Le plus grand fleuve du monde est l'**Amazone** (Am. du Sud). Le **Congo** (Afrique) et le **Yang-Tsé** (Asie) sont aussi d'énormes fleuves.
Le **Mississippi** (Am. du Nord), avec son affluent le *Missouri*, forme le plus long cours d'eau du monde.

239. Grands lacs. — Le plus grand lac d'eau salée est la **mer Caspienne**. Le lac *d'Aral* est saumâtre. Les grands lacs d'eau douce sont les lacs *Onéga*, *Ladoga* (Russie); le lac *Supérieur* (Am. du N.); le lac *Victoria* (Afrique); le lac *Baïkal* (Asie).

§ II. — L'Homme.

240. Population du globe. — On évalue la population du globe à 1.600 *millions* d'habitants.
Il y a *quatre régions très peuplées* ; la **Chine** (provinces orientales), l'**Inde**, l'**Europe**, les **États-Unis** (partie orientale).

Race blanche.   Race jaune.   Race noire.   Race rouge.

Fig. 35. — LES RACES HUMAINES.

241. Races. — Les nombreuses races humaines peuvent se ramener à quatre groupes principaux (fig. 35) :
Les **races blanches** (660 millions d'h.) habitent l'Europe, l'Amérique, l'Asie Occidentale, l'Australie.
Les **races jaunes** (680 millions) habitent l'Asie Orientale.

Les **races noires** (190 millions) peuplent l'[Afrique] Centrale et se multiplient en Amérique.
La **race rouge** ou *américaine* diminue chaque jo[ur].
Il y a en outre des *races secondaires* : races b[...] *malaise*, etc. — Voir le PLANISPHÈRE, page 22.

242. Religions. — Le **Christianisme** (q[ui com-] prend l'Église catholique, l'*Église grecque*, les Égli[ses pro-] testantes) est professé surtout en Europe, en Am[érique,] en Australie.
Le **Mahométisme** ou *Islamisme* est professé [en Asie] Occidentale, en Afrique, dans l'Insulinde.
Il y a des *Israélites* ou *Juifs* dispersés dans le [monde.]
Le **Brahmanisme** et sa réforme le **Bouddhisme** co[mptent] de nombreux adeptes dans l'Inde et l'Asie Orient[ale.]
Il y a encore beaucoup de peuplades **fétichistes**, [qui ado-]rent des *idoles*, en Afrique et en Océanie.

§ III. — Les Transports. — Objets d'échange.

243. Chemins de fer. — Il y a dans le mon[de en-]viron 800.000 kilomètres de chemins de fer (soit [20 fois] la circonférence de la Terre).
DURÉE DE QUELQUES TRAJETS. — De Paris à Marseille, 14 [h.];
— de Paris à Moscou, 85 h.; — de Moscou à Péking [par le] *Transsibérien*, 17 jours; — de New-York à San-Franci[sco,...]

244. Lignes de navigation. — Les plus [impor-]tantes sont celles qui relient l'Europe à l'Améri[que et] celles de l'Extrême-Orient.
DURÉE DE QUELQUES TRAVERSÉES. — De Marseille à Alger, [... heu-]res; — du Havre ou de Liverpool à New-York, 5 à 6 jo[urs; de] Liverpool à Rio-de-Janeiro, 18 jours; — de Marseille [à Yoko-]hama (Japon), 35 j.; — de Yokohama à San-Francisco, 1[...]; — de Marseille à Melbourne, 35 j.; — de Londres au C[ap...]

245. Télégraphes. — Le réseau des lignes ter[restres] et des câbles sous-marins *entoure tout le globe*.

646. Produits naturels. — Les principaux produits, qui alimentent le commerce du monde [sont :]
Règne minéral. — La HOUILLE (Angleterre, États-Un[is, Aus-]tralie); — le *pétrole* (États-Unis, Russie); — les minerais d[e fer]; — l'*or* et l'*argent* (Sibérie, Australie, États-Unis, Mexique, [...]; — l'*étain* (îles de la Sonde); — le *cuivre* (Chili); — les d[iamants] (Amérique du Sud et Afrique); — le *sel*.
Règne végétal. — Le BLÉ (Europe, États-Unis, Inde[...]; le RIZ (Inde, Chine, Indo-Chine); — les *vins* (France); — [les] *dattes* (Afrique); — la *canne à sucre* (Antilles, îles de la [Réunion]; — le *café* (Brésil, Antilles, Java); — le COTON (Am. du [Nord]; les *bois de construction* (Norvège, Canada); — le *tabac* [(Antil-]les, Java, etc.) et l'*opium* (Inde); — le *thé* (Chine, Ceylan[).]
Règne animal. — La *soie* (Chine et Japon); — la *lain[e et les]* *peaux* (Europe, Am. du S., Australie); — les *bestiaux* [(divers] pays); — l'*ivoire* (Afrique); — les *produits des pêches* : h[arengs] (mer du Nord), *morue* (Terre-Neuve, Islande), *baleine* [(mers] polaires).

247. Produits manufacturés. — On les fa[brique] surtout en Europe et aux États-Unis; citons :
Les TISSUS; — les produits de l'industrie du FER; [— les] *produits chimiques* ; — les *articles de Paris*, etc.

Devoirs. — *Complétez les phrases suivantes* :
1. Les principales montagnes du monde sont...
2. La plus vaste plaine du globe est...
3. On a trouvé... m. de profondeur dans l'Océan... près de...
4. Le plus grand cours d'eau du monde est...; le plus long...
5. La Terre est peuplée de... h. Les races principales sont...
6. Les religions pratiquées dans le monde sont...
7. D'après le planisphère page 10, les principaux chemins sont... (désigner les parcours, vi[lles desservies]).
8. D'après cette même carte, les grandes lignes [de navigation] sont : dans l'Atlantique, la ligne [de...] à..., [etc.]
9. Les principales productions minérales du globe so[nt...]; [vé]gétales... provenant du règne anim[al...].
10. Les plus importants produits manufacturés sont...

DEVOIRS DE CARTOGRAPHIE. — LA CARTE DE FRANCE.

(NOTES POUR LE MAITRE.)

ode des carrés. — Nous baserons le dessin de la
France sur un système de *carrés*, faciles à construire.

vas. — Traçons d'abord un grand CARRÉ arbitraire.
e quart du côté de ce carré, et marquons, sur chacun des
grand carré, des points de division à l'aide de la longueur
(On prendra d'abord *le milieu* du côté, puis la moitié du
). — Par ces repères, menons des lignes droites joignant
s opposés. Le carré principal sera ainsi divisé en 16
ondaires. (Cette division suffit dans la plupart des cas.)
uisons les quatre diagonales indiquées sur la figure *a.*
rotons les traits verticaux I, II, III, IV, V, et les traits
x 1, 2, 3, 4, 5. (Nous supposons ici la carte tracée au

En marquant les petites diagonales rentrantes, notées en pointillé sur la figure, et en s'aidant des lignes horizontales, on complètera aisément les contours de la France. Puis on dessinera les grands fleuves, les principaux affluents; on placera les villes ; on esquissera largement les régions montagneuses.

OBSERVATIONS. — On peut encore noter, sur la verticale III une suite de points remarquables, en prenant en outre *les milieux* des côtés de nos petits carrés. Ces points du *méridien de Paris* sont indiqués sur la fig. *b.*

Il sera utile de tracer aussi une verticale à égale distance de IV et de V. Cette droite passe par la frontière des Vosges et par les Alpes.

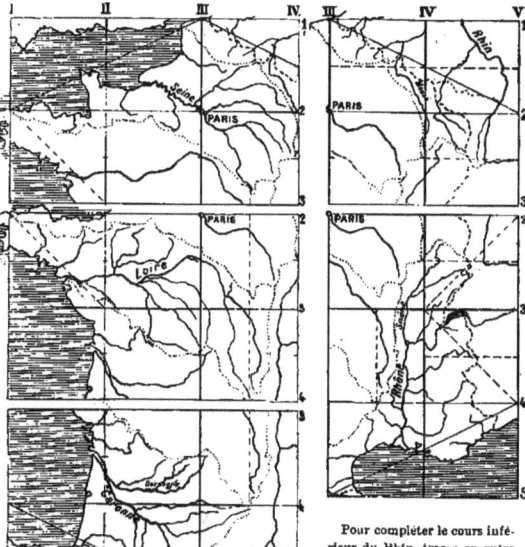

Pour compléter le cours inférieur du Rhin, tracer en outre deux demi-carrés au Nord (Carte des Bassins).

(Fig. *c, d, e, f, g.*)

de la carte. — Reportons-nous maintenant à
lconque des cartes de France sur laquelle on a marqué
ou canevas de 16 carrés. Prenons, par exemple, la
Bassins. — Une suite de remarques nous guidera pour
(fig. *a*) :
ne verticale du milieu, III, nous donne la longueur de la
u Nord au Sud et passe par Paris (cette ligne marque
en *de Paris*). — Nous placerons PARIS au point de
e de cette ligne verticale III et de l'horizontale 2. Paris
e en effet au *quart* de la longueur de la France, en
d'un point Nord, près de Dunkerque. Observons que
tance **Paris-Dunkerque**, *valeur d'un côté de nos*
rés, est d'environ **250 kilomètres.**
rquons maintenant que, vers l'Est, la verticale V (*deux
is-Dunkerque*) tombe un peu au delà du Rhin moyen.
correspondante vers l'Ouest, I, coupe le Finistère, qui
e légèrement.
ticale IV (*distance Paris-Dunkerque*) limite, vers l'Est,
de la Seine; elle va passer près de Marseille. La ligne.
ndante vers l'Ouest, II, laisse à gauche le Cotentin et
s de Bordeaux.
agonale du N.-E. passe par l'extrémité du département
nnes. — Sa correspondante du N.-O. passe par Cherbourg
agonale du S.-E. guide le tracé des deux courbes inverses
al méditerranéen; elle passe près de Marseille. La dia-
S.-O. suit en partie les Pyrénées et passe près de Pau.

Bassins. — On fera les remarques suivantes (fig. *c, d, e, f, g*):
Les bassins de la Seine, de la Loire, de la Garonne sont compris chacun dans un système de SIX CARRÉS qui forment un *rectangle allongé*, de l'E. à l'O. (Tous les trois sont coupés *au tiers* à partir de l'E. par le *méridien de Paris.*) On ne négligera pas de tracer les diagonales indiquées.

On tracera QUATRE CARRÉS pour esquisser le bassin du Rhin (partie française). Le bassin du Rhône est compris dans six CARRÉS, disposés deux à deux en hauteur, du N. au S. (Le *méridien de Paris* limite les réseaux sur la gauche.) On ajoutera au canevas quelques parallèles, menées par les milieux des côtés verticaux ; ces lignes passent en effet par des points remarquables.

Régions. — On appliquera ce système des carrés, ainsi que la plupart des remarques précédentes à la copie de la FRANCE PAR RÉGIONS. (Il sera utile, dans certains cas, de tracer quelques lignes auxiliaires, par les milieux des grandes divisions).

Littoral. — Manche, 2 carrés (de l'E. à l'O.); — Atlantique, 3 carrés (du N. au S.) ; — Méditerranée, 2 carrés (de l'E. à l'O.).

(Voir les Programmes au dos de la couverture.)

www.ingramcontent.com/pod-product-compliance
Lightning Source LLC
Chambersburg PA
CBHW060910050426
42453CB00010B/1634